广东省高校人文社科重大攻关课题“广东省农村学前教育发展问题研究”成果

农村幼儿园环境创设问题与解决方案

Nongcun You’eryuan Huanjing Chuangshe
Wenti yu Jiejue Fang’an

袁爱玲　单文顶　等 著

主要撰写人员：袁爱玲　单文顶　张　宇　肖祖金
李翘楚　焦冬玲　周怡然　欧阳春梅
丁　妮　李海燕　林晓艳　翟利丹
黎　琦　张召友

U0832199

高等教育出版社·北京

内容提要

本书是袁爱玲教授主持的广东省高校人文社科重大攻关课题“广东省农村学前教育发展问题研究”成果之一，以广东省农村幼儿园调研为基础，并吸收了国内外最新的研究成果。全书分为四章：第一章，从脑科学、心理学、教育学、经验等视角分析环境对于幼儿发展的重要性；第二章，探讨了农村环境的优势和劣势；第三章，从观念形态、行为形态和资源形态剖析了当前农村幼儿园环境创设存在的问题；第四章，针对农村幼儿园环境创设存在的问题，提出了一整套的解决方案。全书结构严谨，论述有据，理论与实践相结合，图文并茂，紧紧围绕农村幼儿园环境创设存在的问题，展开了深入的讨论与分析，具有较强的指导价值，适合学前教育管理人员以及学前教育专业学生和幼儿园教师学习、参考。

图书在版编目（CIP）数据

农村幼儿园环境创设问题与解决方案 / 袁爱玲等著. -- 北京：高等教育出版社，2015.4
ISBN 978-7-04-042191-0

Ⅰ. ①农… Ⅱ. ①袁… Ⅲ. ①农村－幼儿园－环境设计－研究 Ⅳ. ①G617

中国版本图书馆CIP数据核字（2015）第040751号

策划编辑 刘晓静　责任编辑 刘晓静　封面设计 张志奇　版式设计 范晓红
插图绘制 郝 林　责任校对 杨凤玲　责任印制 朱学忠

出版发行 高等教育出版社
社 址 北京市西城区德外大街4号
邮政编码 100120
印 刷 北京鑫海金澳胶印有限公司
开 本 787mm×960mm 1/16
印 张 13
字 数 180千字
购书热线 010-58581118
咨询电话 400-810-0598
网 址 http://www.hep.edu.cn
http://www.hep.com.cn
网上订购 http://www.landraco.com
http://www.landraco.com.cn
版 次 2015年4月第1版
印 次 2015年4月第1次印刷
定 价 23.80元

本书如有缺页、倒页、脱页等质量问题，请到所购图书销售部门联系调换
版权所有 侵权必究
物 料 号 42191-00

目　录

第一章　环境对幼儿发展重要性的理论依据

《幼儿园教育指导纲要（试行）》中明确指出："环境是重要的教育资源，应该通过环境的创设和利用，有效地促进幼儿的发展。"环境，作为幼儿生活的场所和地域，是幼儿重要的成长依附，也是幼儿成长无法脱离的"襁褓"。因此，创设一个好的环境，既是每一个学前教育工作者的责任和义务，也是其必备的能力。

第一节　环境的概念解析及分类

在人们的认知中，似乎"环境"是一个已经十分清晰和明确的概念了。然而，当我们从不同角度思考时，其内涵与外延是不同的。概念界定是进行研究的前提，同时也决定着研究的范围。

一、"环境"概念的解析

若想深入、透彻地理解环境对幼儿成长重要性的理论基础，先要清楚"环境"这一概念。

在法学中，《中华人民共和国环境保护法》中规定，环境是指影响人类生存和发展的各种天然的和经过人工改造的自然因素的总体，包括大气、水、海洋、土地、矿藏、森林、草原、湿地、野生生物、自然遗迹、人文遗迹、自然保护区、风景名胜区、城市和乡村等。显而易见的是，这里的环境偏向的是自然环境，以期引导人们保护和改善环境，推动生态文明建设，促进经济社会的可持续发展。

在哲学中，环境是指围绕着人群的空间及其中可以直接、间接影响人类生活和发展的各种自然因素的总体。这里的“环境”与“中心事物”相对。[①]很明显，哲学中的“环境”概念和法学中的“环境”概念是不谋而合的。

在心理学中，环境是指围绕个体并对其产生某种影响和形成某种境况的内外界事物。具体指在人的心理、意识之外，对人的心理、意识的形成产生影响的全部条件，包括个人身体之外的客观现实，以及身体内部的运动与变化。环境按性质和功能可分为自然环境和社会环境。前者如食物、气候、地理等，是个体维持生命必需的物质基础，为人的身体和心理发展提供物质条件；后者指个体生活于其中的社会生活条件和教育条件，如家庭、学校、邻里等，是影响心理发展的主要因素。[②]根据上述解释，心理学上的环境并不仅仅是指自然环境，社会环境也是必不可少的一部分。

在教育学中，叶澜指出，环境是泛指个体生活于其中，影响个体发展的一切外部因素。[③]王道俊等指出，环境是泛指个体生存于其中，在个体的活动交往中，与个体相互作用并影响个体发展的外部世界。[④]顾明远认为，环境是指直接或间接影响个体的形成和发展的全部外在因素，包括先天环境（即胎内环境）和后天环境（即自然环境、社会环境等）。此外，环境还指以人的主体为中心，围绕自我的事物。包括外部环境和个体内部环境，外部环境包括先天环境和后天环境，个体内部环境包括生理环境和心理环境。[⑤]

基于研究的考虑，本书使用的“环境”概念更偏向于叶澜教授对于“环境”概念的界定，即环境是指个体生活于其中，影响个体发展的一切外部因素。这里的外部因素主要包括物质环境和精神环境。

① 冯契．哲学大辞典 [M]．上海：上海辞书出版社，1992：922.
② 林崇德，杨治良，黄希庭．心理学大辞典（上卷）[M]．上海：上海教育出版社，2004：498.
③ 叶澜．新编教育学教程 [M]．上海：华东师范大学出版社，1991：97.
④ 王道俊，郭文安．教育学 [M]．北京：人民教育出版社，2009：37.
⑤ 顾明远．教育大辞典（增订合编本）[M]．上海：上海教育出版社，1998：604.

二、环境的分类

“环境”是一个内容相当广泛的概念。从不同的角度、根据不同的特征，环境可以分为以下几种类型：

（一）按照环境的属性，可将环境分为自然环境和社会环境

自然环境，通俗一点讲，是指环绕在人们周围的，未经人类加工改造而天然存在的各种自然因素的总和，如大气、水、植物、岩石等。自然环境是人类赖以生存和发展的基础。按照自然环境的组成因素，又可把自然环境分为大气环境、水环境、土壤环境、地质环境和生物环境。

社会环境是指人类在自然环境基础上创造的物质文化、制度文化、精神文化和社会关系的总和，如社会制度、法律、社会风俗、价值观等。社会环境是人为的，非自然形成的，是人类世代创造的产物。它们是作为人类对外部世界各种存在的价值思维肯定形式而存在的，承载着文化意义。

（二）按照范围划分，将环境分为大环境和小环境

大环境指的是个体所处的总体性的自然环境和社会环境，如个体所处社会的政治制度、经济制度、文化制度、科技发展水平等。小环境指的是与个体直接发生联系的周边的自然环境和社会环境，如个体所在的家庭、社区、学校、单位和个体的社会关系等。

无论是大环境还是小环境，对人的发展都有着重要的作用。然而，它们与人的发展相互作用的方式是不太相同的。对于出生在同一个年代、同一个国家的婴儿来说，他们所处的大环境基本一致，但小环境则千差万别。对于同一个个体来说，一生中大环境的变化是分大阶段的，个体对它的变化一般不起决定性作用，且难作选择，小环境则随自身的活动和选择而改变。[①] 例如，刚出生的婴儿所处的小环境主要是家庭，到了 3 岁，扩大到幼儿园。同一个社会的人，为什么会有很大的不同？

① 叶澜．新编教育学教程 [M]．上海：华东师范大学出版社，1991：97.

一个重要原因就是每个人所处的小环境不同。因为，相对于大环境来说，小环境这一“场域”对幼儿发展的影响更加直接。

（三）按照环境对人影响的性质，可将环境分为自发的环境和自觉的环境

自发的环境是指对人的发展产生影响的因素是自然生成的，具有偶然性、随机性，且不易控制。自觉的环境一般是人类有意识、有目的、有计划地组织起来的，具有目的性、计划性，且易于控制。

自发的环境对人的影响具有潜移默化的特点，如生活方式、风俗习惯、社会价值观、流行文化等，虽看不见，摸不着，但它一直存在着，每时每刻都对我们产生着影响。例如，中国人使用筷子进食，中秋节赏月吃月饼，除夕吃饺子等，有时我们自己都没有意识到，会觉得这是世世代代流传下来的传统，历来如此，就应该是这样，不用去追究为什么。其实，人本质上是一个社会人、一个文化人，从出生那天起就被置于这样一个环境中的存在。自觉的环境主要指的是学校环境。学校环境具有很大的人为性，并且经过精心组织和有意安排。相对于自发的环境而言，自觉的环境对人的发展起主导作用。

（四）按照环境构成内容的特质差异，可将环境分为物质环境和精神环境

物质环境是指有形的和物化的物质，精神环境是由人际关系、文化观念等无形因素形成的，主要包括文化环境和心理环境。物质环境是人生存的前提条件和基础；精神环境是一种隐形的环境，以一种“看不见的”、潜移默化的方式对人产生影响，重要性也是不言而喻的。

（五）按照环境的性质，可将环境分为物理环境、化学环境和生物环境

物理环境是指研究对象周围的环境，包括有生命的、无生命的物质系统。化学环境是指由土壤、水、空气等组成因素所产生的化学性质，给生物的生活以一定影响的环境。生物环境是相对于物理环境和化学环境中的非生物因素而言的。

此外，环境还可分为政治环境、经济环境、文化环境；生物环境、非生物环境等。

各种环境分类并不存在孰对孰错、谁优谁劣的问题，每一种分类都是一种视角，都是一种剖析环境的方式。同一个舞台，各有各的精彩，共同演绎着“环境内涵”这一精彩的戏剧。

第二节　环境对幼儿发展重要性的脑科学依据

大脑是人体最复杂的器官，破译大脑细胞的运转密码和运行过程，是令无数科学家神往的、最具前瞻性的课题。20 世纪 60 年代起，尤其是 20 世纪 90 年代以来，脑科学的研究结果是令人欣慰和振奋的。大脑突触的修剪、脑的可塑性、脑的敏感期等已经逐渐进入了人们的视野，脑科学与教育的联系也日益紧密起来。脑科学的研究证明，适宜的早期环境对幼儿的发展有着重要的作用。

一、蓬勃发展的脑科学研究

所谓脑科学，从狭义讲就是神经科学，它致力于研究神经系统内分子水平、细胞水平和细胞间的变化过程，以及这些过程在中枢功能控制系统内的整合作用。从广义讲，根据美国神经科学学会的界定，脑科学是研究脑结构和功能的科学，其中包括认知神经科学等。

早在 1989 年，美国在全世界率先推出了全国性的脑科学计划，并把 20 世纪的最后十年命名为“脑的十年”。这一举动立刻得到了全球的积极响应。2013 年 4 月，奥巴马政府正式宣布启动“推动创新性神经生物技术进行脑科学研究计划”，简称“脑科学研究计划”。此计划旨在搞清楚人类大脑中每一个神经元的活动和功能，描绘出一幅人脑神经活动的“完美地图”，其最终的临床应用包括通过直接改变神经回路来诊断和治疗疾病。此计划的规模之大，堪与 1990 年启动的“人类基因组计划”（Human Genome Project，简称 HGP）相媲美。脑科学研究计划为期 10 ～ 12 年，每年将投入 3 亿～ 5 亿美元开发用于监测和映射大脑活动和结构的新工具，总投入将达到 30 亿美元。

2013 年 1 月 28 日欧盟委员会宣布了“人脑工程”为欧盟未来十年

的“新兴旗舰技术项目”，并设立专项研究计划，在未来10年将投入10亿欧元的研究经费，目的是在计算机上对人脑建模。欧盟委员会还指出，对人脑的研究及相应的技术研发至关重要。这不但有助于帕金森症、阿尔茨海默症等脑部疾病的诊断和治疗，同时还可揭示人脑的高能效、高可靠性之谜，对人工智能研发具有重大作用。此外，日本自1996年斥资2万亿日元启动“脑科学时代计划”以来，以惊人态势发展脑科学实证研究，2001年日本文部省与日本科学技术振兴事业团在世界上率先公开研究“脑科学与教育”，并于2003年1月正式启动了庞大的“脑科学与教育”研究项目，仅2004年的预算就有30亿日元。2013年6月日本文部科学省宣布，准备利用10年时间开展研究，弄清灵长类动物脑活动的全貌，并用“脑地图”的形式表现出来，预计将投入数百亿日元用于该项目。

我国政府对脑科学研究也给予了高度的关注。2006年2月9日国务院发布的《国家中长期科学和技术发展规划纲要（2006—2020年）》把脑科学与认知科学列入八大科学前沿问题，主要研究内容有：脑功能的细胞和分子机理，脑重大疾病的发生发展机理，脑发育、可塑性与人类智力的关系，学习记忆和思维等脑高级认知功能的过程及其神经基础，脑信息表达与脑式信息处理系统，人脑与计算机对话等。2013年4月底，国家科技部基础研究司在北京召开脑科学发展战略研讨会，国家重点基础研究发展计划（“973计划”）专家顾问组成员、首席科学家代表等20多位专家出席了会议，除了介绍美国“脑活动图谱计划”出台的背景、内容、特点及其面临的关键技术问题，欧盟“人类脑计划”及我国脑科学研究部署情况外，还讨论了国内外脑科学新的发展趋势，分析了我国脑科学的研究现状及未来发展方向，探讨了面临的挑战和困难，提出相关建议，并决定“973计划”将继续加大对脑科学相关研究的支持。2013年5月31日至6月1日，科技部基础研究司又在杭州组织召开了脑科学战略研讨会暨项目网络会议，出席这次会议的30多名院士、18位“973计划”首席科学家和临床专家围绕智力、心理、遗忘的神经基础，老年痴呆、抑郁症、帕金森症等疾病基础研究，以及神经影像、脑机结合等交叉研究方向，展开了热烈的讨论。目前，“973 计划”在脑与认知科学方面的研究项目已经达到 27 项，未来将实现目标的统一和资源的整合。

脑科学研究的蓬勃发展取得了令人瞩目的成果，也让教育主动基于这些成果重新审视环境对幼儿的影响。

二、脑科学的环境观

20 世纪 60 年代，尤其是 20 世纪 90 年代以来，随着神经科学技术的发展，脑研究变得更加方便可行，科学家们对大脑的神经回路和运行机制也有了更多的了解。这些研究让人欣慰和振奋，早期环境对幼儿发展的重要性又得到了强有力的证据和支持。

（一）幼儿的脑发育与环境

人脑是一个最精巧、最高效、最复杂、最神秘的活性结构。虽然人的大脑很复杂，但是新生儿的大脑比其他任何器官都更接近成人，且在生命的头两年发育特别快。在十岁的时候大脑完成了它的发展，完全达到了成年人脑的体积。

人脑中含有 1000 亿到 2000 亿个神经元，或者称之为神经细胞。[①] 这也是为什么对于父母和学前教育工作者来说，给予幼儿以环境刺激，如敏感的回应、玩玩具、讲故事等，显得尤为重要。因为正是这样，大脑才得以建立起神经联系。事实上，当我们和我们三个月大的孩子游戏时，我们来回地“咿咿呀呀”，说出没有意义的句子，以及发出无数的“啊”和“喔”的声音，此时我们正在改变着婴儿的大脑。[②] 其实，环境刺激的过程，就是学习的过程，也是建立神经联系的过程。

另外，当大脑的联系得到反复使用时，它们就会变成永久性的联

① 劳拉·E. 贝克. 儿童发展 [M]. 吴颖，等，译. 南京：江苏教育出版社，2002：256.

② 戈波尼克，梅尔佐夫，库尔. 摇篮里的科学家：心智、大脑和儿童学习 [M]. 袁爱玲，等，译. 上海：华东师范大学出版社，2004：123.

系；从另一方面看，那些未被使用，或者用得很少的神经联系，可能就会逐渐消退。这种消退被称之为“神经剪切”或“神经剪除”。[①] 研究表明，幼儿接触到的成人言语的数量和质量与其未来的言语表达技能呈现正相关的关系。[②③] 所以，在婴幼儿期，如果父母采取忽视型的教养方式，很少与孩子说话，也很少回应孩子，即孩子得不到父母有效的声音刺激，那么孩子今后在语言表达、交流、倾听等方面有可能就会遇到困难。因此，丰富的环境刺激、积极的情感支持、有效的互动等，对于幼儿大脑的发展十分重要。

在婴幼儿神经系统发育的过程中，髓磷脂的发展是必不可少的过程。髓磷脂是包裹在神经轴突上的一种物质，每隔一段便有中断部分，形成一节一节的形状。它通过隔离神经细胞的轴突，从而使神经冲动的传导速度更加迅速。髓磷脂的发展是一个长期的过程，一直延续到出生以后。髓鞘化的速率和范围也受到经验的影响，大部分通路的髓鞘化在生命早期便结束了。[④] 早期环境刺激的重要程度不言而喻。

（二）突触修剪与环境

随着神经细胞的就位，它们便很快地伸展轴突和树突，并形成彼此之间的连接，也即所谓的突触。这些联接使得神经细胞能够彼此交流。3 岁前，突触急速增加，并发展到最高峰，每个细胞约有 15 000 个突触，比成人多出很多。相比于成人来说，幼儿的大脑更具未特定化和活跃性。但是，令人惊奇的是，在突触发生的最快时期，一些较少受刺激的神经元就会丧失它们的连接性纤维，最后陷入死亡，这一过程被称之为“突触修剪”。而那些得到环境刺激的突触将会保存下来，继续发挥功能。很明显，环境所提供的刺激和经验决定着突触的去与留，也就是

① 莫里森．当今美国儿童早期教育 [M]．王志全，等，译．8 版．北京：北京大学出版社，2004：174.

② Hart, B., & Risley, T. R. Meaningful differences in the everyday experience of young American children. Baltimore, MD: Brookes, 1995.

③ Gilkerson, J., & Richards, J. A. The power of talk (2nd ed.). Impact of adult talk, conversational turns, and TV during the critical 0–4 years of child development. Denver, Colorado: Infoture Inc, 2009.

④ 杰克·肖可夫，黛博拉·菲利普斯．儿童早期发展的科学 [M]．方俊明，等，译．南京：南京师范大学出版社，2007：158.

说环境除了加强各种神经联系外，还决定哪些连接需要增强，哪些连接需要修剪掉。所谓的“用进废退”，就是这个道理。幸运的是，幼儿所拥有的突触数量远远地超过了大脑实际需要的数量。在这一过程中，恰如其分的环境刺激至关重要。

当然，这里并不是说“突触修剪”是个不好的事情。“大脑不能无止境地产生许多连接，相反，如果产生比正常需要多的连接，就要在以后修剪掉它们。实际表明，清除旧的连接与增加新的连接同样重要。当一些软弱的突触被修剪掉后，那些带有很多信息的突触会更加强壮地继续生存”。[①] 因此，突触连接和修剪的过程，会使个体更加容易去适应周围的环境。这种情况就像给果树修剪枝丫一样。植物的生长靠的是植物体内的生长素，生长素一般都分布在植物枝丫的顶端，而且生长素有个特点，顶端生长特别快，这样会抑制旁边枝丫的生长。给果树修剪，可以调节树体各部分、各器官的关系，能促进留下来的枝丫的生长，提高光合效率，保证甚至提高产量；如果枝丫过多，阳光进不去，既影响果树的生长发育，又消耗很多养料。树干如果孱弱，多枝反而成了累赘，对果树也不利。二者的道理是一样的。

（三）脑的敏感期与环境

生命早期是否存在敏感期？为了脑正常的发展，是否某些特定的环境刺激必须在特定的时间段内发生？当脑在特定的时期错过了这些环境刺激，是否还可补救？这些问题也就是下面论述的脑的敏感期与环境的关系问题。

一般来说，脑的发展有两种基本的预设：一是“经验—预期型”，即组织和建构基本的行为系统的特定经历是会发生的，大脑发展预期依赖于这些环境；二是“经验—依赖型”，即人从小就要在各种各样的环境和经历中成长，不断增加的新经验能帮助脑实现新的生长，不断改变神经连接和神经回路。“经验—预期型”说的就是敏感期，敏感期是指

① 戈波尼克，梅尔佐夫，库尔．摇篮里的科学家：心智、大脑和儿童学习 [M]．袁爱玲，等，译．上海：华东师范大学出版社，2004：122．

脑在发展过程中的一些独有的时间片段，在这些时间片段内，脑的结构或功能特别容易接受某些特定经验的影响。敏感期会产生两种结果：第一，特定的时期获得了特定的环境刺激，脑得到塑造，使得幼儿能够为未来做好准备；第二，缺乏这些环境经历，刺激被剥夺，有可能会给幼儿带来某种危险，甚至是永久性的伤害。

敏感期一开始又被称为“关键期”。“关键期”是奥地利生物学家劳伦兹在发现“印刻现象”基础上首次提出的。劳伦兹指出，个体“印刻现象”只能在个体生命中一个短暂的关键期发生，个体在这个时刻所印刻的现象，可以使个体对其亲近且发生偏好，而且不会被忘却，进而形成一种永久约束性的依恋。这里没有使用“关键期”，而使用“敏感期”，是有原因的。研究表明，儿童早期经验的性质和获得的时机，相对于动物来说，并没有那么严格，也绝非一锤定音。

在“敏感期”方面，动物方面的案例居多，且偏向于语言和视觉。例如，让刚出生的小猫在只有纵线的环境中生活大约两周的时间，结果小猫在接下来的一生中只能看得见纵线了。科学家们解释，这可能是因为在只有纵线的环境中，小猫大脑的视觉中枢无法得到很好的成长，只形成了有限的一部分，最终视觉中枢只形成了适合纵线环境的结构。另外，关于鸟雀的实验也证明了“敏感期”的存在。有研究尝试播放一些鸟声的磁带给不同年龄的鸟听，对于白冠雀而言，学习唱歌的“机会之窗”只存在约30天，即出生后的20～50天。如果在这一时期，雄性的白冠雀听不到任何的歌声，那么它将不能正常地唱歌，也不能吸引雌性和繁殖下一代。因为唱歌是它表现外观、财富和力量的重要手段。

基于研究的伦理性，科学家不可能把年幼儿童在生命早期隔离起来做“环境剥夺”的实验，来证明环境的重要性。但在医学史上也曾有这样一个病例：一名6岁的意大利男孩，一只眼睛失明，然而对其失明原因人们起初迷惑不解，因为眼科检查表明其眼睛是完全正常的。最后经过了解，原来在他还是婴儿的时候，即在视觉发育的敏感期内，眼睛受了感染，为了治疗，他的眼睛被绷带缠了两周。这样的治疗对于已成熟的脑固然不会产生太大影响，但是对于还处在发育过程中的婴儿的大脑来说，危害却是非常严重的。由于缠有绷带的那只眼睛暂时处于“睡眠”状态，脑内相应的神经细胞发生萎缩，甚至是死亡，进而无法建立起神经连接，从而导致了这一悲剧。另有研究表明：“如果对一个月大的婴儿进行三四天短时间的光线剥夺，其大脑的这些对应区域就会退化；如果将该婴儿置于黑暗中两个月的话，这种损伤就是永久性的。”①

蒙台梭利提出了9大敏感期：语言敏感期（0～6岁）、秩序敏感期（2～4岁）、感官敏感期（0～6岁）、对细微事物感兴趣的敏感期（1.5～4岁）、动作敏感期（0～6岁）、社会规范敏感期（2.5～6岁）、书写敏感期（3.5～4.5岁）、阅读敏感期（4.5～5.5岁）、文化敏感期（6～9岁）。后人又提出了口语发展敏感期（1～3岁）、音乐学习敏感期（5岁之前）、数概念敏感期（5岁左右）等。因此，父母和学前教育工作者应在婴幼儿发育的特定的时间内提供相应的环境刺激，适时培养，为日后的发展奠定基础。当然，这里并不是说错过了“敏感期”，就会“一失足成千古恨”。研究表明，虽然后期的干预能起作用，但却要多费几倍、甚至是几十倍的努力。即使这样，也很难达到同龄人的发展水平。可以这样说，在儿童发展的最早几个月和数年间发生的事情具有重大的意义，这不是因为这个时期的发展为成人期的安宁和幸福描绘了一个不能涂改的蓝图，而是因为它为日后的发展设定了一个或者坚固或者脆弱的舞台。②

（四）脑的可塑性与环境

脑的可塑性是指大脑在外界环境和经验的作用下改变其结构和功能的能力。这种可塑性不仅体现在动物的身上，在人类身上也有所体现。

① 劳拉·E．贝克．儿童发展[M]．吴颖，等，译．南京：江苏教育出版社，2002：256.

② 杰克·肖可夫，黛博拉·菲利普斯．儿童早期发展的科学[M]．方俊明，等，译．南京：南京师范大学出版社，2007：4.

"传统的脑的可塑性的概念具有一些共同的特征，将脑的可塑性看成是大脑对外界刺激或病理性损伤所做出的消极、被动的反应"，[①] 而后来的研究表明，这一概念是有局限性的。在神经科学看来，"可塑性不是脑组织对损伤所做出的消极被动的反应，而是发展过程中的脑以及成熟后的脑对环境积极适应的特性"。[②] 简而言之，脑的可塑性是脑组织的基本特性。

大脑是一个复杂精密的系统，也是一个动态的系统，其结构和功能的改变是在发展过程中形成的。大脑的发展是生物性和从环境中输入的刺激之间动态的相互作用的结果，进而大脑皮层出现结构的改变和功能的重组，也就是出现所谓的脑的可塑性。结构的改变既有宏观层面，也有微观层面。从宏观层面来讲，大脑结构的改变包括脑重的变化、皮层厚度的变化、不同脑区沟回面积的改变等；[③④⑤] 从微观层面来讲，大脑结构的改变包括树突长度的增加、树突棘密度的改变、神经元数量的改变等。[⑥] 功能的重组也发生在不同的层次上，主要有分子层面和细胞层面、皮层地图层面、神经网络层面等，分子层面和细胞层面的功能重组包括突触效能的改变、突触连接的改变等，皮层地图层面的重组主要包括表征面积、表征区域、表征方位等的变化，神经网络层面的重组主要表现为系统水平的可塑性，即不同感觉通道

---

① 刘海燕，李玲玲．脑的可塑性研究探析 [J]．首都师范大学学报（社会科学版），2006（1）：115-118.

② 刘海燕，李玲玲．脑的可塑性研究探析 [J]．首都师范大学学报（社会科学版），2006（1）：115-118.

③ Kolb, B., & Whishaw, I. Q. Brain plasticity and behavior [J]. Annual Review of Psychology, 1998, (49), 43-64.

④ Benloucif, S., Bennett, E. L., & Rosenzweig, M. R. Norepinephrine and neural plasticity: the effects of xylamine on experience-induced changes in brain weight, memory, and behavior [J]. Neurobiology of Learning and Memory, 1995, 63 (1), 33-42.

⑤ Kolb, B., Forgie, M., Gibb, R., Gorny, G., & Rowntree, S. Brain plasticity and behavior[J]. Neuroscience and Biobehavioral Reviews, 1998, 22 (2), 143-159.

⑥ Kolb, B., & Whishaw, I. Q. Brain plasticity and behavior [J]. Annual Review of Psychology, 1998, (49), 43-64.

之间跨通道的可塑性。[①②]

研究发现，虽然年幼儿童的大脑相对于其他时期更加容易受到环境的影响，但实际上，环境对脑的促进和伤害在任何阶段都会发生，即脑的可塑性并不局限于个体生长发育的早期，更是延伸于个体毕生的发展进程。总之，脑的可塑性是中枢神经系统的基本属性。然而，脑的可塑性和年龄之间是有关系的，“神经发展的可塑性随着机体的成熟不断降低，也就是说，与后来的发展时期相比，生命最早几年拥有更多样化的潜能”。[③] 即在生命的头几年，脑的可塑性比此后生命中的任何时候都要大，因为这时候许多突触还没有真正地建立起来。但是即使到了中老年，还是具有一定的可塑性。此外，“在儿童早期，脑受到损伤后具有强大的康复能力和补偿能力”。[④⑤] 芬雷和格里诺等人做了一个因训练而引起白鼠视觉皮层可塑性变化的经典实验，他们阻断了白鼠一只眼睛的视觉刺激，并在迷宫中对其进行训练，训练后对白鼠大脑两半球神经元的比较发现，受到训练的大脑半球的神经元的树突分的叉更多，虽然白鼠大脑两半球的其他感觉皮层仍然进行互动，但视觉刺激接收的差异引起了相应区域树突的不同。[⑥] 另外，有个美国男孩约翰逊，由于严重的癫痫，不得不切除了整个左侧大脑。但经过三年的康复训练，他不仅恢复了说话的能力，而且右侧身体也可以活动，甚至还学会了游泳、柔道和认字。

---

① Poldrack, R. A. Imaging brain plasticity: conceptual and methodological issues—a theoretical review [J]. NeuroImage, 2000, 12 (1), 1-13.

② Anthony, H., & Karel, S. Experience-dependent structural synaptic plasticity in the mammalian brain [J]. Nature Reviews Neuroscience, 2009, 10 (9), 647-658.

③ 杰克・肖可夫，黛博拉・菲利普斯．儿童早期发展的科学 [M]．方俊明，等，译．南京：南京师范大学出版社，2007：26.

④ Bear, M. F., & Rittenhouse, C. D. Molecular basis for induction of ocular dominance plasticity [J]. Journal of Neurobiology, 1999, 41 (1), 83-91.

⑤ Sur, M., & Leamey, C. A. Development and plasticity of cortical areas and networks [J]. Nature Reviews Neuroscience, 2001, 2 (4), 251-262.

⑥ Chang, F. L., & Greenough, W. T. Lateralized effects of monocular training on dendritic branching in adult split-brain rats [J]. Neuroscience and Biobehavioral Reviews, 1998, 22 (2), 143-159.

脑的可塑性是一把双刃剑，既能给予机体适应环境的能力，也可能使机体遭遇到危险。神经科学的研究表明，不良的环境会伤害到脑的发展。这些环境因素有营养的缺乏、有毒的化学物质、疾病、环境中的毒素等，以及社会性心理因素，如家庭暴力、家庭忽视和贫困等。这些不良环境有些可以直接对脑的发展造成伤害，有些虽不是直接的，但无疑会增加脑问题发生的可能性。特别是对于年幼的学前儿童来说，他们正处于发展过程之中，认知、情感、社会性等的未成熟性，预示着其抵御伤害的能力更弱；脑的可塑性处于最大时期，意味着不良环境对其的伤害更加直接和容易。一个安全的、健康的、支持性的环境对儿童来说显得尤为必要。这虽然不能保证他们未来一定会有所成就，但一个良好的开端，却意味着他们的人生有着更多的发展可能性。

（五）神经环路与环境

神经是根据外部环境的刺激而形成基本环路的。研究表明，如果缺乏适宜的环境体验，神经环路的形成就会受到限制。“良好适宜的环境刺激有利于建立有效的神经环路，更有效地适应外部环境，并主动地朝与环境积极互动的方向发展”。① 有研究人员把 45 只新生大鼠随机分为丰富环境组、隔离环境组及对照组，丰富环境组大鼠在丰富环境中饲养，隔离环境组大鼠在单调环境中成长，对照组大鼠在普通环境中常规饲养。最后研究发现，隔离环境下成长的大鼠存活神经元数目较对照组大鼠明显减少；成年后的记忆能力也明显落后于对照组大鼠，需要多次训练，记忆保存百分率低。丰富环境下成长的大鼠存活神经元数目多于对照组，在迷宫测试中达到学会标准的所需训练次数较少，记忆保持百分率高。② 而过度、过强的环境刺激会对脑的发展产生不利影响，使神经回路的形成发生困难。我们应为年幼儿童创造有准备的环

---

① 秦金亮. 发展认知神经科学：视域•理论•启鉴 // 朱家雄. 中国视野下的学前教育 [M]. 上海：华东师范大学出版社，2007：315.

② 陈金兰，陈燕惠. 早期环境对大鼠脑源性神经营养因子及其受体表达和脑发育的影响 [J]. 中国当代儿科杂志，2012（9）：703-707.

境，提供适宜的刺激，帮助他们形成高效的神经环路，进而充分开发其潜能。

三、脑科学对环境创设的启鉴

脑科学的一系列研究成果，包括敏感期、可塑性、突触修剪、神经环路形成等，都在某种程度上证明良好且适宜的环境和幼儿成长之间的正相关性。然而，在现实教育实践层面上，出现了两种错误倾向：一是还没有吸收脑科学的研究成果，教育教学仍停留在极其狭义的空间里。二是出现了简化、歪曲和夸大脑科学研究成果的乱象。例如，幼儿“右脑开发”方案，就是对脑科学研究成果简单化的应用：有些教育商业机构片面夸大脑的可塑性，为幼儿灌输不符合其年龄水平的高年级的知识；还有一些家长、机构根据“环境刺激能促进幼儿健康发展”这一说法，向幼儿施加各种各样的、过量的环境刺激。殊不知，这不但不会促进幼儿发展，反而还会对幼儿造成伤害。诸如此类的现象，都是源于没有客观，科学地看待脑科学的成果。

总之，环境是幼儿大脑发展变化的重要影响源。我们只有为幼儿提供良好的环境，才能促进其大脑有活力、有创造性地发展，才能培养全面发展的幼儿。不良的环境，只会对幼儿造成伤害和危险。

第三节　环境对幼儿发展重要性的心理学依据

“心理学”一词来源于希腊文，意指关于灵魂的科学。早期的心理学研究属于哲学的范畴，哲学心理学的研究最早可以追溯到中国、埃及、希腊等古代文明。心理学作为一门科学，是从1879年德国学者威廉·冯特在莱比锡大学建立了第一个心理实验室，使心理脱离思辨性哲学成为一门独立的学科开始的。然而，心理学作为一门科学的科学史，其发展历史却十分短暂。德国著名心理学家艾宾浩斯曾这样概括地描述心理学的发展历程：“心理学有一个漫长的过去，但只有短暂的历史。”

心理科学的真正发展则是在20世纪，出现了很多心理学流派，主要的流派有元素主义、构造主义、机能主义、行为主义、格式塔原理、精神分析、认知主义、人本主义等。这些学派对心理学的发展产生了重要的影响。在这些流派中，强调环境重要性的有格式塔学派、行为主义心理学、精神分析学派、皮亚杰学派等，这里着重介绍行为主义心理学、精神分析学派和皮亚杰学派的环境观。

一、行为主义心理学的环境观

（一）行为主义心理学概述

行为主义心理学形成于20世纪初期，1913年约翰·华生在《心理学评论》杂志发表了题为《行为主义者心目中的心理学》一文，正式宣告了行为主义心理学的诞生，也正式开启了心理学的革命。行为主义是在达尔文“进化论”思想影响下，继承发展传统心理学中的联想主义思想，并借助西方哲学中的实证主义思潮发展起来的。“深受机能主义思想影响的华生正是向前走了决定性的一步而导致否认意识的极端而成为行为主义，机能主义不是行为主义，而行为主义是机能主义”。[①]“行为主义心理学在心理学领域占据统治地位长达半个世纪之久，其影响之大、时间之长，是任何其他心理学流派所不能比的，是西方心理学史上最大的流派，被称为‘西方心理学第一势力’。”[②]

按照行为主义的形成和发展，可以分为两个时期：

早期行为主义（1913—1930年），或称为古典行为主义，以华生、拉什利等为代表。早期行为主义代表性人物华生否定传统的心理学，拒绝承认构造主义和机能主义的不同，认为两者都界属于传统的心理学，即意识现象的科学，运用的是内省的研究方法。华生强调，如果把意识的研究作为心理学的对象，那心理学必会丧失其作为一门无可争辩的自然科学在世界中的地位。因为意识和灵魂一样，只是一种假设，既不可

① 车文博．西方心理学史 [M]．杭州：浙江教育出版社，1998：366.
② 车文博．西方心理学史 [M]．杭州：浙江教育出版社，1998：358.

捉摸，又无法加以证实。华生从经验、哲学和实用三个方面对其加以批判。转而认为，心理学的研究对象不是心理或意识，而是人和动物的行为，即可以观察到的事实，也即人和动物都同样使自身适应环境的事实。在华生看来，行为是有机体应付环境的全部活动。行为主义研究的行为被分解为两个最简单的要素，即刺激（S）和反应（R）。“刺激是指引起有机体行为的外部和内部的变化，而反应则是构成行为最基本成分的肌肉收缩和腺体分泌。”① 华生认为，肌肉收缩和腺体分泌可以归结为物理或化学的变化。这样一来，人的全部行为，包括通常所说的心理活动，都不过是一些物理或化学变化所引起的另一些物理或化学变化而已。

新行为主义（1930—1960 年），这里有两种说法：狭义的新行为主义通常是指以托尔曼、斯金纳等为代表的行为主义，他们不像早期行为主义者那样完全忽视有机体的内部过程，开始注意对动机和认知机制的研究。广义的新行为主义，又称为新的新行为主义，这时期的行为主义虽然没有摆脱古典行为主义的理论架构，但开始把此前拒绝纳入心理学研究范围的意识、思维等合法化为其研究对象。在这里，人并不是被埋没在环境中，而是有着自己的认知、目的和内部心理活动，并且存在着对环境的主观认知。

（二）行为主义心理学的环境观

华生在其《行为主义》一书中提出了著名的“环境决定论”论断，即“给我一打健康的婴儿，并在我自己设定的特殊环境中养育他们，那么我愿意担保，可以随便挑选其中一个婴儿，把他训练成我所选定的任何一种专家——医生、律师、艺术家、小偷，而不管他的才能、嗜好、倾向、能力、天资和他祖先的种族”。② 华生又言：“如果把一个健康的小孩放到不良的环境里，他也一定会变成小偷。”③ 不难看出，在华生眼

① 车文博．西方心理学史 [M]．杭州：浙江教育出版社，1998：368.
② 约翰·布鲁克斯·华生．行为主义 [M]．李维，译．杭州：浙江教育出版社，1998：95.
③ 约翰·布鲁克斯·华生．行为主义 [M]．李维，译．杭州：浙江教育出版社，1998：95.

里，环境何其重要。华生虽然否认心理特质的遗传，但承认确实存在形式上、结构上的遗传差异，且认为："遗传的许多结构特征可能永远都不表现出来，除非后代被置于特定的环境之中，给予特定的刺激，并加以特定的训练，我们的遗传结构可以有成千上万种表现形式——取决于孩子在什么环境中成长"，[①] 并且说"习惯形成可能从胎儿期就开始了，环境对人的影响从很早就开始了"。[②] 华生强调人与人在结构上虽存在微小的差异，"但早期训练的差异会造成更大的个体差异"。[③] 最后，华生强调环境的变化会导致习惯的构成，因为刺激从外部或内部作用于人时，必定会产生活动，并且认为"人格是我们习惯系统的最终产物"，[④] "彻底改变人格的唯一途径就是通过改变个体的环境来重塑个体，用此方法使新的习惯形成。他们改变环境越彻底，人格也就改变得越多"。[⑤] 所以，在华生看来，"有机体的一切行为都是被决定的，而非自由的。人所做的每一件事情都是环境和过去经验的直接结果，有机体的一切选择都决定于这一因果链"。[⑥]

华生的环境决定论在斯金纳那里得到了进一步的深化，且走向极端，因而斯金纳被称为激进行为主义者（或极端环境决定论者）。斯金纳坚持华生的S-R公式，断然认为环境必须对行为负责。他认为环境有三个特征：（1）由一定情境引起，有机体不必作用于外部世界；（2）别人可以观察到的，至于观察不到的意识则不在研究范围之内；（3）刺激与反应之间的关系，不需要中介变量，反应等于刺激的函数，要了解反应只要看刺激就行。[⑦] 在斯金纳眼中，"人们无需为他们所作和所不作的任何事情接受表扬或责备，由于环境控制行为，因此，假如存在善

① 约翰·布鲁克斯·华生. 行为主义[M]. 李维，译. 杭州：浙江教育出版社，1998：90.
② 约翰·布鲁克斯·华生. 行为主义[M]. 李维，译. 杭州：浙江教育出版社，1998：92-93.
③ 约翰·布鲁克斯·华生. 行为主义[M]. 李维，译. 杭州：浙江教育出版社，1998：93.
④ 约翰·布鲁克斯·华生. 行为主义[M]. 李维，译. 杭州：浙江教育出版社，1998：271.
⑤ 约翰·布鲁克斯·华生. 行为主义[M]. 李维，译. 杭州：浙江教育出版社，1998：303.
⑥ 张厚粲. 行为主义心理学[M]. 杭州：浙江教育出版社，2003：53.
⑦ 车文博. 西方心理学史[M]. 杭州：浙江教育出版社，1998：388-389.

和恶的话，它们归于环境，而不归于个人”。[①] 环境是人类行为的唯一决定者，人只是被动地承受环境的影响，人只是一个消极的反应者。正如他所言：“行为不过是环境条件的功能，要改变行为，必须先改变环境。”[②] 另外，斯金纳还重视强化的作用，并提出了强化原理。他认为，人一生中不断产生各种行为样式，塑造行为的过程就是学习的过程。如果一个操作行为发生，接着给予一个强化刺激，那么其强度就增加。这里的强度增加不是指某一特定的反应，而是指行为发生的倾向。同样，那些得不到增强的行为就不会被习得，并且会从个体的行为中消失。这一强化原理，可以广泛应用于早期教育，通过对环境的控制，消除幼儿不良的行为，强化其良好行为。

新行为主义代表人物托尔曼提出了“整体行为模式”和“中介变量”的概念，并建构成符号完形理论。托尔曼自称：“我总的立场是行为主义，但是一种特殊的行为主义。”托尔曼把行为分成两种：一种是分子行为（或局部行为），指个体所表现出的局部性动作。如声、光刺激所引起的肌肉收缩和腺体分泌的反应；另一种是整体行为，是指个体所表现的大单元或整体性行为。[③] 在托尔曼看来，心理学研究的行为是整体行为，而不是分子行为。整体行为具有以下几种特征：（1）行为总是趋向或避开某个目标，目的性是行为最重要的特征；（2）行为总是利用环境所提供的各种途径和工具来排除障碍、实现目的的。而这又以其对障碍、途径和工具的认知为条件，所以整体行为还具有认知的特征；（3）行为必然优先选择能比较容易达到目的的活动，即最小努力原则；（4）整体行为不是机械的、固定的，而是可以通过教育变化的，说明它有可接受教育的特征。[④]1932 年，托尔曼在《动物和人类的目的性行为》一书中提出了“中介变量”的概念，“中介变量是指介于刺激与反应之间

① 托马斯·H. 黎黑. 心理学史（下册）[M]. 李维，译. 杭州：浙江教育出版社，1998：686.
② 张厚粲. 行为主义心理学 [M]. 杭州：浙江教育出版社，2003：404.
③ 车文博. 西方心理学史 [M]. 杭州：浙江教育出版社，1998：379.
④ 车文博. 西方心理学史 [M]. 杭州：浙江教育出版社，1998：379.

因外在刺激而引起的内在变化过程”，[①] 这些中介变量是行为的决定因素。关于行为的决定因素，托尔曼认为，某些内在的目的和认知是任何行为所固有的，它们是行为最后且最直接的原因，托尔曼称之为固有的决定因素。但又强调，这些固有的决定因素又是由环境刺激和一些初始的心理状态引起的，又称作行为的初始原因。固有的决定因素在初始原因和最后结果（即行为）这一过程之中起着中介性的作用。总的来说，行为的决定因素包括三类：（1）直接内在的具有客观定义的目的和认知，即固有的决定因素；（2）某一个体或种属的有目的的认知能力，这些能力作为特定刺激和初始状态共同对固有决定因素起中介作用；（3）行为调适，在某些特殊情况下，它由固有的决定因素产生，以代替实际的外显行为。[②] 这样一来，托尔曼就把目的、认知和行为调适作为中介变量，进而弥补了华生“刺激—反应”模式的不足。托尔曼看到了人在环境中认知主体和目的性的存在，而不是被动性接受环境塑造的存在。

新行为主义的另一标志性人物班杜拉基于华生、赫尔、斯金纳等人的理论，即刺激—反应的接近性原理和强化原理，又汲取了认知心理学实验研究成果，提出了社会学习理论。此理论着重阐明了人类如何在社会环境中进行学习，从而形成和发展其人格特征的学习理论。班杜拉认为，人的社会行为是通过观察学习获得的，即观察榜样行为，并且模仿而获得的。在斯金纳看来，人既不完全受内部力量的驱使，也不完全受外部环境的支配，即人既不是完全自由的，也不是完全被动的。“环境确实对行为有影响，甚至产生决定性的影响，但这种作用是潜在的，只有环境和人的因素相结合，并且被适当的行为激活时，环境才能发挥这种作用。环境决定行为只是一种可能性，即潜在的因素，并非现实的作用。”[③] 在行为发生前，个体可以根据与环境交往的经验，预期行为的

① 车文博. 西方心理学史 [M]. 杭州：浙江教育出版社，1998：380.
② 张厚粲. 行为主义心理学 [M]. 杭州：浙江教育出版社，2003：208.
③ 张厚粲. 行为主义心理学 [M]. 杭州：浙江教育出版社，2003：441.

结果，借此来调节自己的行为；在行为发生后，环境对人的影响，主要是通过环境因素对行为后果的强化来实现的。所以，不论在行为前，还是行为后，“环境因素只能是决定行为的潜在可能性，要想这种可能性成为现实，还要考虑到人自身对它的选择、组织和加工”。[①] 人的因素在这里就凸显了。班杜拉认为，行为主义完全忽视了自我系统在行为调节中的作用，自我系统包括先天的调节机制、个人的效能期望、自我强化等，并且强调自我调节是行为的中介。正如他所言：“人们对环境的认识不同，且可以使完全相同的环境导致完全不同的行为。”人被环境决定着的同时，也决定着环境，二者不是彼此独立的，是交互决定的，中介正是自我调节。事实上，行为、人的因素、环境因素是作为相互连接、相互作用的决定因素产生作用的。班杜拉一改环境对行为起决定作用的静态观念，而把环境看做是经过个体加工后才能对个体产生影响的因素，并把人、环境和行为三者之间的关系视为一种交互、互动、动态的关系，来说明人格结构及其发展，这是一大进步。环境既能影响人的行为，反过来人的行为也能改变环境。这是人和环境之间关系的一次重大转变。

早期行为主义和新行为主义，都非常强调环境和教育在幼儿成长中的重要作用。通过对外部条件的控制和强化，进而来控制行为。当然，华生、斯金纳等人的主张有过分夸大环境作用之嫌。但是，这也从某种层面印证了环境的不可或缺性。

二、精神分析学派的环境观

（一）精神分析学派概述

“精神分析，是西方现代心理学思想中的一个主要流派。它产生于19世纪末，既是一种神经症的治疗方法和理论，又是一种潜意识的心理学体系。到20世纪20年代，这个理论逐渐扩展到社会科学的各个领

① 张厚粲．行为主义心理学 [M]．杭州：浙江教育出版社，2003：442．

域，发展为无所不包的人生哲学，世称精神分析学派。”[①] 该学派的主要代表人物有弗洛伊德、阿德勒、荣格、埃里克森、霍妮、沙利文等。精神分析学派在发展过程中发生了分化，坚持弗洛伊德性本能、无意识和性心理发展阶段的被称为经典精神分析学派；而重视社会文化因素作用的被称为新精神分析学派，或称为社会文化学派。“弗洛伊德和精神分析学派充实了心理学理论，增加了人格、动机和精神病理学的内容，并加强了对发展心理学和社会心理学的关注。”[②] 波林曾评论道：“谁想在今后三个世纪内写出一部心理学史，而不提弗洛伊德的名字，那就不可能自诩是一部心理学通史了。”

精神分析学派是一种发展心理学，它描述自出生以后的人格结构。精神分析学派对于人的理解是从年幼儿童开始的，认为年幼儿童的早期经验可以说明成人的心理成长历程，或是个体的当前人格特性是其年幼时期经历和心理经验的延伸和遗迹。所以，精神分析学派重视儿童期的生活经验和环境，重视健康人格的培养。

（二）精神分析学派的环境观

弗洛伊德认为，每个儿童都要经历几个先后有序的发展阶段，他根据性感带的变化把心理性欲发展分为口唇阶段、肛门阶段、潜伏阶段和生殖阶段。儿童在每一阶段所具有的经历和体验，在很大程度上决定了他成年以后的人格状况。弗洛伊德强调，儿童成年后的人格是正常还是变态，早在儿童四五岁时就已经奠定了基础。因为，他在对神经病人治疗时发现，神经病人的精神病因往往都可以追溯到早期生活经验产生的心理创伤。正如其所言：“我们往往由于注重祖先的经验和成人生活的经验，却完全忽视了儿童期经验的重要，其实儿童期经验更有重视的必要。因为它们发生于尚未完全发展的时候，更容易产生重大的结果；正因为这个理由，也更容易致病。”[③] 在弗洛伊德看来，儿童期的经验有其

① 车文博．西方心理学史 [M]．杭州：浙江教育出版社，1998：452.
② 托马斯·H．黎黑．心理学史（上册）[M]．李维，译．杭州，浙江教育出版社，1998：387.
③ 弗洛伊德．精神分析引论 [M]．高觉敷，译．北京：商务印书馆，2009：291-292.

特殊的重要性，“正如儿童的梦可使我们用来了解成人的梦一样”。[①]“儿童的神经病是常见的，较我们平常所推想的更加常见。我们常常忽视儿童的神经病，认为是恶劣行为或是顽皮的表示，在幼儿园中常用威权压服；然而回想起来，这种神经病容易识别。它们所表示的方式常为焦虑性癔症，其意义以后当可知晓。当神经病发生于年纪较大的时候，分析结果总是表明这种病为幼时神经病的直接继续，只是幼时可能表现为具体而隐蔽的方式。”[②]弗洛伊德的这些言论，使人们不得不去认真看待儿童期以及在儿童期时周围发生的事情，这些早期的环境和经历为认识儿童以后的人格发展打开了一扇明亮的“窗户”。因此，应看到儿童时期发展的重要地位。因为，“小孩在四五岁时已经成为一个完成的生物，只是后来才逐渐显现其禀赋的才能而已”。[③]

埃里克森以弗洛伊德的理论为基础，创建了以自我为中心，将人的生命周期分为八个阶段的人格发展渐成说。在此，他把社会文化加入到精神分析理论中，既承认本能，又认为心理因素和社会文化因素之间的互动是儿童人格发展的重要推动力。与弗洛伊德不同的是，在埃里克森看来，自我的发展不只局限在儿童期，更是贯穿于整个生命周期。此外，“在人格发展的每一阶段，随着个体的成熟和能力的增长，社会对自我都会提出新的适应性要求，这一要求反映到个体内部就构成了每一阶段独特的心理冲突，即情绪危机”。[④]埃里克森并不觉得每一阶段的危机是一种真正的危机，而是发展过程中的重要转机。没有发展危机，个体的自我就难以得到真正的发展。每一阶段危机的解决是个体的能力、经验、环境、社会文化等互动的产物。“如果危机得到积极解决，就会增加自我的力量，使人格得到健全发展，有利于个人对环境的适应；反之，会削弱自我的力量，使人格不健全，阻碍

① 弗洛伊德．精神分析引论 [M]．高觉敷，译．北京：商务印书馆，2009：293.
② 弗洛伊德．精神分析引论 [M]．高觉敷，译．北京：商务印书馆，2009：293.
③ 弗洛伊德．精神分析引论 [M]．高觉敷，译．北京：商务印书馆，2009：287.
④ 郭本禹．精神分析发展心理学 [M]．福州：福建教育出版社，2009：301.

个人对环境的适应。”[①] 埃里克森指出，前一阶段危机的积极解决，会增加后一阶段危机积极解决的可能性；前一阶段危机的消极解决，会减小后一阶段危机积极解决的可能性。个体人格的发展按次序依次往下一阶段过渡。所以，儿童期的环境和教育在埃里克森眼中也是相当重要的。例如，在婴儿期，这时的儿童比较柔弱，依赖性较大，需要成人的照料，而母亲对于婴儿来说是比较重要的人，婴儿人格能否健康发展取决于母亲对其的关爱程度。到了学前期，父母和教师应为儿童提供支持性的环境，引导儿童探索周围的世界，发展主动性和目的感。

20 世纪三四十年代的美国，兴起了新精神分析学派，新精神分析学派并不是一个统一的整体。尽管理论上各有侧重，但作为共同研究取向的心理学家，在基本观点上还是一致的。即新精神分析学派把人放在整个社会文化背景中考察，把人格看成是社会文化因素的产物，并且继承了弗洛伊德重视童年经验的传统。新精神分析学派的代表性人物主要有霍妮、沙利文。霍妮因与弗洛伊德分歧的增大，创立了一种新的神经症理论，使精神分析学派走向社会文化学派方向。霍妮认为，社会文化环境对人格的发展起着决定性的作用，“我们的情感和心态在极大程度上取决于我们的生活环境，取决于不可分割地交织在一起的文化环境和社会环境”。[②] 反过来可以这样说，“如果我们未能详细了解某一特殊文化对个人所发生的种种影响，我们就不可能理解个人的人格结构”。[③] 此外，在霍妮看来，焦虑、恐惧等心理问题和神经症也是由个体所处的环境造成的。“每一种文化所提供的生活环境，都会导致某些恐惧。不管这些恐惧究竟是怎样产生的，它们却可能由外来的危险，由社会关系的种种形式，由种种文化传统所引发。不同的个人蒙受这些恐惧的程度有深有浅，但总的来说，在每一种特定的文化中，这些恐惧都是强加给

① 郭本禹．精神分析发展心理学 [M]．福州：福建教育出版社，2009：301.
② 霍妮．我们时代的神经症人格 [M]．冯川，译．贵州：贵州人民出版社，1988：6-7.
③ 霍妮．我们时代的神经症人格 [M]．冯川，译．贵州：贵州人民出版社，1988：7.

每一个人，没有人能够逃避得了的。”[①]“神经症患者正是我们当今文化的副产物。”[②]霍妮也很认同早期环境经验对一个人人格发展的重要影响，她认为儿童的成长需要成人的关爱，父母能否给孩子真正的爱，对孩子的心理发展具有根本的影响。如果孩子能感受到父母真正的爱，就能正常地发展；反之，就会使孩子产生焦虑，正是这种焦虑，在孩子心里埋下神经症的种子，最终导致病态人格。

总之，在精神分析学派看来，早期的生活经验、环境和教育对于年幼儿童健康人格的发展有着重大的意义。这里的环境不只是物质环境，更强调的是精神环境。根据精神分析学派的观点，一个充满爱的、和谐的、支持性的心理环境对于年幼儿童人格的健康发展来说，就像水对于鱼一样，不可或缺。

三、皮亚杰学派的环境观

（一）皮亚杰学派概述

皮亚杰学派，又称日内瓦学派，是当代儿童心理学和发展心理学中的主要派别。在20世纪50年代，由瑞士心理学家皮亚杰所创立，该学派以日内瓦大学和发生认识论国际中心为主要基地，其工作主要是通过对儿童科学概念以及心理运算起源的实验分析，探讨智力形成和认知机制的发生发展规律。

任何学派的创立都必然有它的历史背景。皮亚杰深受康德哲学、结构主义、生物学、欧洲机能主义心理学、完型学派、精神分析、符茨堡学派等的影响，最终形成了一套科学完整的认知发展体系，在世界范围内产生了广泛的影响。威廉·C. 格莱因断言：“在现代，没有比皮亚杰更伟大的心理学家了，他几乎是单枪匹马创造了一个内容丰富的、使人不得不信服的认知发展说——智力发展说。”[③]

① 霍妮. 我们时代的神经症人格 [M]. 冯川，译. 贵州：贵州人民出版社，1988：12.
② 霍妮. 我们时代的神经症人格 [M]. 冯川，译. 贵州：贵州人民出版社，1988：244.
③ 威廉·C. 格莱因. 儿童心理发展的理论 [M]. 计文莹，等，译. 长沙：湖南教育出版社，1983：109.

皮亚杰认为，“知识的形成，既不是外物的简单复本，也不是主体内部结构的独立显现，而是主体与外部环境连续不断相互作用中逐渐建构起来的一系列不同水平的认知结构”。① 也即，儿童是通过他们自己的活动，在不断探索中，在操作周围的环境中，逐渐构建出新的、更加复杂的认知结构。

（二）皮亚杰学派的环境观

在皮亚杰看来，智慧就是适应，而适应依赖于有机体的同化和顺应两种功能的协调，使有机体与环境取得平衡。“同化是指主体将外界的环境刺激有效地整合于已有的图式之中，也就是说个体以其既有的图式或认知结构为基础去吸收新经验的历程。”②“顺应是主体改造已有的图式去适应新的环境”，③ 即当主体遇到不能以原先的图式来同化新的环境刺激时，便要对它加以修改，以适应这一环境。同化和顺应二者相互配合，使个体达到某种暂时的平衡，促成个体对环境的适应。“平衡是一个重要环节，没有平衡，就没有发展。平衡不是静态的，而是动态的，不断的平衡—不平衡—平衡的过程，就是适应的过程，也是认知结构形成和发展的过程。”④ 在这一过程中，个体通过自己的活动，与周围环境相互作用，并逐步建构且发展其认知结构。这一过程不是单向的、静态的，而是双向的、动态的。

另外，皮亚杰认为，影响认知心理发展的因素主要有成熟、物理环境、社会环境和平衡化。在皮亚杰看来，成熟是心理发展的生理基础，但皮亚杰绝不是一个成熟论者，只是认为成熟是心理发展的必要条件，而不是充分条件。因为，在皮亚杰那里，相比于先天的遗传因素和生理基础，儿童后天的活动和环境对于其智力的发展更加重要。所以，在这四个因素中，物理环境和社会环境是最重要的。但是，“环境

① 车文博．西方心理学史 [M]．杭州：浙江教育出版社，1998：509.
② 车文博．西方心理学史 [M]．杭州：浙江教育出版社，1998：511.
③ 车文博．西方心理学史 [M]．杭州：浙江教育出版社，1998：511.
④ 车文博．西方心理学史 [M]．杭州：浙江教育出版社，1998：512.

虽重要，不过部分如此。环境刺激并要求儿童，但是儿童自己建立了认知结构。当儿童探索环境的时候，他们遇到能引起兴趣的事件，这些事件是适度地新奇的，不很适合于现存结构。然而儿童调整他们的动作，把它们弄清楚，在这个过程中找到对付世界的新办法”。[①] 这一段话告诉我们，经验是个体与外界环境接触而获得的，离开了环境，个体也就无从获得经验，更谈不上发展。再者，即使提供了环境，如果缺乏主体的活动，这一环境仍然是没有用处的。认知结构的发展，既不发端于主体，也不发端于客体（物理环境和社会环境），而是发端于联系主客体的活动之中。儿童正是通过这种主动活动，不断增长其适应环境的能力。

此外，在皮亚杰看来，儿童的活动并非发生在真空中，而是发生于社会环境之中，是在与他人交互作用的过程中进行的。社会环境、教育等都能对儿童的认知发展产生极其重要的影响。但是，社会环境和教育也并非决定性的因素，它们最多只能起着促进或延缓儿童认知发展的作用。社会环境能否对儿童的认知发展产生影响，取决于个体的认知结构，只有在社会关系和社会互动的作用下才能实现。例如，前运算阶段的儿童在和同伴的争吵和冲突的相互关系中克服自我中心主义。在这样的交往中，他们懂得别人有和自己不同的观点，也学会在合作的形式中为协调不同的利益去行动。

在皮亚杰学派看来，儿童认知结构的发展不是出于环境，而是出于儿童自身。所以，家长和教师不应该将知识灌输给儿童，而是通过创设能引起儿童兴趣的环境，引导儿童操作物质材料，让儿童自己去面对环境，解决问题，得到发展。

追踪西方心理学的发展历史，无非是众多学派争论不休，轮番粉墨登场的历史，这实质上就是心理学的科学主义与人文主义相互对抗斗争的过程。当然，西方心理学正是在这种对抗斗争中得以发展壮大的。心

① 威廉 • C. 格莱因. 儿童心理发展的理论 [M]. 计文莹，等，译. 长沙：湖南教育出版社，1983：144.

理学的这“两个主义”，被罗杰斯称为“两种背驰的趋向”。科学主义取向的心理学派有机能主义心理学、行为主义心理学、认知学派；人文主义取向的心理学派有格式塔心理学、精神分析学派。科学主义取向的心理学派，尤其是行为主义心理学，将研究对象由意识转到行为，认知学派认为心理过程就是信息的输入、贮存、提取、加工的过程，并把环境视为独立于人而存在的客观实在。“而人文主义取向的心理学派强调主体赋予环境意义，以及主体在与环境的互动中建构其生活世界。”① 其实，环境是人类存在的客观条件，不能脱离人的主体认知来谈客观环境，二者相互作用、相互影响。

第四节　环境对幼儿发展重要性的教育学依据

环境影响人的发展，这是一个古老的命题。关注环境对人的发展所起的作用，注重环境与幼儿身心发展的关系，是许多教育家的共识。他们提出的富有见地和有影响力的教育理念和模式大多包含了环境对人的发展作用的认识，且都倡导为幼儿提供良好的教育环境，使幼儿健康成长。因此，为了厘清环境在教育中所起的作用，让当代学前教育工作者更好地开展教育工作，梳理国内外部分著名教育家的环境观就显得尤为重要。下面分别介绍蒙台梭利教育、瑞吉欧教育、华德福教育、陈鹤琴“活教育”理论和张雪门“行为课程”理论中的环境观，为广大学前教育工作者深入认识环境在幼儿发展中的重要作用提供支撑。

一、蒙台梭利教育的环境观

在教育上，环境所扮演的角色相当重要，因为孩子从环境中吸取所有的东西，并将其融入自己的生命之中。

——玛丽亚·蒙台梭利

① 袁爱玲．幼儿园环境创设 [M]．北京：高等教育出版社，2010：40.

在生命与环境的相互作用中，探讨环境、教育、人这三者之间的关系，从而促进个体不断发展是教育家们一直想要解决的一个重要问题。蒙台梭利把儿童看做是发展着的个体，儿童的发展是个体与环境交互作用的结果。蒙台梭利在教育实践中发现，环境是促进个体生命成长的一个重要因素。蒙台梭利提倡为儿童提供“有准备的环境”，她认为儿童只有在与环境的交流中才能了解自己，才能发展完整的人格，才能使儿童在未来得到更好的发展。

1．环境反映生命的跃动

蒙台梭利认为环境与生命相互制约，环境反映生命的内在跃动。儿童只有在一个不受约束的环境中，即在一个与他年龄相适切的环境中，他的心理、生理才会自然发展并展现他内心的秘密。如果不坚持这条原则，那么今后的教育只能使他陷入无穷的混乱中。

蒙台梭利强调儿童的心理发展既不是单纯的内部成熟，也不是环境、教育的直接产物，而是机体和环境交互作用的结果，是“通过对环境的经验而实现的”。① 如果儿童被置于一个有利于他们自然发展的环境中，使他们能按自己的需要、发展的节奏和速度来行动，他们就会显示出惊人的特性和智慧。正如她所说的“我们教育体系的最根本特征是对环境的强调”，② 这个环境就是“有准备的环境”。

2．合适的环境对幼儿的发展起着重要作用

合适的环境需具备以下几个要素：自由的气氛、结构和秩序、真实和自然、和谐与美感以及拥有符合儿童身心发展需要、体现对儿童的教育要求、包含丰富教育内容的教具材料。

（1）自由的气氛。只有在自由的气氛中，儿童才会显露他们的本质。除了无意义的、伤害性的或破坏性的、干扰性的活动要受到限制外，蒙台梭利教师允许儿童根据自己的需要和爱好自由选择喜欢的活动

① 玛丽亚・蒙台梭利．有吸收力的心灵 [M]．高潮，译．北京：中国发展出版社，2006：5.

② 玛丽亚・蒙台梭利．童年的秘密 [M]．梁梅涛，译．上海：上海人民出版社，2005：214.

和交往伙伴。

（2）结构和秩序。儿童成长的环境应表现外面世界的结构与秩序，以使儿童能够了解、接受进而建立自己精神上的秩序。在蒙台梭利教室中，各种活动区域划分明确，各种教具材料由易到难、由简到繁、整齐有序地摆放在高度适中的教具柜上，并随儿童发展水平和发展需要不断调整和更换。

（3）真实和自然。环境中的设备应尽量真实，接近自然生活，以使儿童能够尽早适应社会，提高实际生活能力。蒙台梭利教室中有由儿童照顾的生物和儿童按照实际生活的要求和规则操作的真实材料及实验器材，如真的冰箱、烤炉、水池、电话及喝水的玻璃杯、削水果的带刃刀子、洗衣服用的搓板等。

（4）和谐与美感。环境无须装潢得精巧、布置得纷繁，应简洁、明快、协调、有朝气。蒙台梭利学校通常都是低层建筑，室内宽敞明亮、色彩柔和，户外安全、洁净、绿草茵茵。师生交谈轻声细语，操作材料轻拿轻放，气氛轻松、和缓、温暖，儿童乐在其中。

（5）拥有符合儿童身心发展需要、体现对儿童的教育要求、包含丰富教育内容的教具材料。蒙台梭利教室中有四大类教具，它们分别是日常生活练习教具、感官训练教具、知识性训练教具和艺术类训练教具。日常生活练习教具可以培养儿童的专注力、独立性、自信心，训练儿童大小肌肉运动的灵活性、手眼协调能力及最基本的生活能力，并且有助于他们良好的、文明的行为习惯及内在秩序的形成；感官训练教具用以训练儿童的注意、比较和判断能力，使儿童的感受性更敏捷、准确、精练；知识性训练教具可以满足儿童的学习愿望，培养他们的学习兴趣，使他们形成初步的知识概念，为未来学习数学、语言、自然科学常识、地理、历史打下基础；艺术类训练教具能培养儿童的艺术兴趣，发展他们对音乐和美术的艺术表现力与创造力。

3．环境可以激发幼儿的自主性和独立性

幼儿主体性的发展与其学习、生活的环境是密不可分的。在蒙台梭利教学法中，特别强调环境的设计，“环境就像人的头部，影响着孩子的整体发展”。这种环境包括两个方面：一方面是指物质环境，如教室的空间要宽敞，玩具要放在低处，供孩子随意取舍，图画、挂图要放在孩子的视线之内；另一方面指创设一个和谐的心理环境，教师要尊重孩子，不轻易打断孩子说话，和孩子交谈时最好坐下或蹲下，使孩子感觉教师、父母与自己是平等的。蒙台梭利认为生命的成长必须得到关爱，教师要自然地表现出友善、温和、优雅的动作。根据以上原则，她为“幼儿之家”创设的条件就是：完备的环境、和气的教员、科学的教具。

不难看出，蒙台梭利教育对环境作用和内容的认识有其独特之处。教育工作者要为幼儿的发展提供有准备的环境，让幼儿在与环境的相互作用中健康成长。更重要的一点是，蒙台梭利还注重培养幼儿的自主性和主动性，坦言教育环境在幼儿自主性和主动性的培养上起着非常重要的作用。这些理念都可为广大学前教育工作者的教育实践提供理论支撑。

二、瑞吉欧教育概述及环境观

毫无疑问，学校拥有一个自己的“环境”，一种自己的“建筑”，一种自己“对空间、形状、功能的概念和使用”。

——马拉古齐

（一）瑞吉欧教育体系概述

瑞吉欧·艾米里亚是意大利东北部的一座城市，自20世纪60年代以来，洛利斯·马拉古齐和当地的学前教育工作者一起兴办并发展了该地的学前教育事业。数十年的艰苦创业，使意大利在举世闻名的蒙台梭利之后，又形成了一套“独特与革新的哲学和课程假设、学校组织方法以及环境设计的原则”。人们称这个综合体为“瑞吉欧·艾米里亚教育取向”。

瑞吉欧教育深深植根于意大利文化传统，并受到三个方面的影响：

（1）欧美主流的进步主义教育；（2）皮亚杰和维果茨基等心理学家的建构心理学；（3）意大利学前教育传统及战后左派政治改革。在这三者的交互影响下形成了独具特色的瑞吉欧教育理念。

瑞吉欧体系的特色体现在各个方面，如机构的组织与管理、资源的配置和利用、校内校外的人际、群际互动与合作、课程与教学以及教师的成长等，而其中最直接、最感性的特色就是教育过程中幼儿丰富生动的表现。

自20世纪80年代初以来，马拉古奇率部在欧美各国举办名为“儿童的百种语言”的巡回展览。这个展览的巨大成功使瑞吉欧的精神理念与教育经验得到各国教育界、学界和政治界人士的广泛赞赏，被美国《新闻周刊》评为“全世界最好的教育系统之一”，并刮起了一场席卷西方世界的瑞吉欧教育“旋风”。

在瑞吉欧教育体系中，幼儿、教师和家长这三个“主角”在共同生活中所表现的积极参与、主动探索、团结互助、友好合作的精神，所营造的自由表达、通融理解、开放民主的氛围，所焕发出的责任心和想象力以及在长期的合作中所结成的共同体，无不向人们展示着学前教育中永恒的为真、为善、为美的景象。这种景象，是任何一个真正称得上成功的学前教育机构所必备的人文景观。

（二）瑞吉欧教育的环境观

在瑞吉欧教育体系中，环境是教育的一个重要组成部分，具有深刻的教育意蕴。环境被视为一个可以支持社会互动、探索与学习的“容器”，一切方案活动都可以以环境的创设为基础。在瑞吉欧教育中，没有一处环境是没有价值的。瑞吉欧教育对环境作用的独特认识主要体现在以下五个方面：

1．环境是课程设计与实施的要素

在瑞吉欧教育体系中，环境是课程的重要组成部分。瑞吉欧的环境设置来自皮亚杰的建构主义和维果茨基的“心理发展的历史文化理论”与“支架教学”。在瑞吉欧课程中，环境为幼儿提供一个支架，幼儿在思考中、在计划中、在操作中、在体验中、在回忆中不断建构自己，发展属于自己的知识。幼儿与环境相处的方式直接影响着幼儿认知、情感和社会性的发展。

2．环境是最佳的记录方式之一

马拉古奇说：“我们学前学校的墙壁会说话，也有记录的作用，利用墙面的空间暂时或永久地展示幼儿与成人的生活。”[①] 记录的方式有很多，最常用的展示方式是墙壁上的告示栏。环境记录所传达的各种信息对教师、幼儿和家长都有很大的益处。首先，环境记录促进了教师的成长，它如一面镜子再现教师的想法，促使教师自我反省；它增加了教师之间的经验分享，取长补短。其次，环境记录对幼儿也很重要，它让幼儿知道成人重视他们的工作，使幼儿十分热情地投入到工作中，并珍惜自己的劳动成果；它为幼儿提供了重新检视、反省和解释的机会，有助于知识的自我整合和集体建构。最后，环境记录还是家长了解幼儿的重要途径，它让家长了解到孩子在学校的所作所为；它不仅使家长了解幼儿的成果——作品，也让家长了解到孩子学习的过程；它还为家长提供探讨教育的素材，进而协助家长进行角色定位。

3．环境是幼儿与幼儿之间、幼儿与成人之间、幼儿与物之间互动的关键性因素

马拉古奇曾说：“教育乃是由复杂的互动关系构成，也只有‘环境’中各个元素的参与，才是许多互动关系实现的决定性关键。”[②] 的确，要实现幼儿与幼儿之间、幼儿与教师和职员以及家长之间、幼儿与物之间的互动，少不了环境的支持与介入。在瑞吉欧的学前教育机构，大到学校的地理位置，小到工作坊各种工具、材料的摆放都充分地为幼儿的各

① Carolyn，lella candini，george forman．儿童的一百种语文：瑞吉欧•艾密莉亚教育取向——进一步的回响 [M]．罗雅芬，等，译．台北：心理出版社，2000：195.

② 马拉古齐．孩子的一百种语言：意大利瑞吉欧方案教学报告书 [M]．张军红，等，译．台北：光佑文化事业股份有限公司，1999：33.

种互动体验提供便利条件，使他们的沟通、竞争与合作都更为容易，确保每一位幼儿都能有良好的互动关系。

4．环境是幼儿的“第三位老师”

在瑞吉欧教育工作者眼中，每个班除了有两位教师外，环境算是“第三位教师”。当环境具有“教师”的意义时，环境已不再是没有生命的完全物化的东西，而成为一种富有人格魅力的教育力量。当环境被当做是一名教师时，环境对幼儿发展所具有的影响就更加重要了。在这种情况下，环境就如同教师一般，对幼儿的认知具有激发性，使幼儿处于积极的探究状态，在各种尝试中使用材料、发现问题和解决问题；环境如同教师一般，还对幼儿的认知具有指导性，幼儿可以在各种材料的使用中，获得对周围世界的认识。瑞吉欧教育工作者对环境更加具体的认知是：环境具有教育功能，学校里没有一处是无用的环境；环境具有问题性，它对幼儿的建构式学习产生一定的刺激；环境具有关联性，它能把引起相关经验的各种环境因素组合起来从而构建出新的经验。

5．环境应富有“家庭”的氛围

幼儿园的环境究竟应该给幼儿营造一个什么样的氛围？难道幼儿园仅仅是幼儿学习、教师教学的场所吗？瑞吉欧的教育工作者用他们环境创设的理念和实践告诉我们：幼儿园应该像一个“家”。因为家庭般的舒适、温暖、愉悦的环境对心理和生理尚处于幼稚水平的年幼儿童来说有助于他们获得幸福感和安全感，有助于他们在团体中学会与他人交往，有助于他们顺利地进行建构式学习。

毫无疑问，瑞吉欧学校拥有一个自己的“环境”，一种自己的“建筑”，一种自己“对空间、形状、功能的概念和使用”。总之，通过学习和反思瑞吉欧教育体系对环境的认识，我们对环境的教育价值有了全新的认识，同时获得了改革当前幼儿园环境设置问题的宝贵理论依据。

三、华德福教育概述及环境观

我们的一切经验均与大我——宇宙息息相关，正如我们在宇宙周而复始的运动中认识自身，宇宙也透过我们的活动展现其力量。当身为人类的我们反映出这股力量时，我们就能了解人类其实即是宇宙力量的体现。

——鲁道夫·斯坦纳

（一）华德福教育概述

第一次世界大战结束以后，德国多数企业陷入困境，但是，依米尔·默特所管理的 Waldorf Astoria 烟草工厂却幸运地生存下来。面对自己工厂里工人的贫困生活，依米尔·默特希望能够给工人的子弟提供良好的教育，从而使他们摆脱贫困，走向真正的自由。于是，依米尔·默特请来了人智学（Anthropo Sophy）的创始人——奥地利科学家、哲学家鲁道夫·斯坦纳为自己的职工子弟创办一种真善美的教育。1919 年 9 月 7 日，“自由华德福学校”开学。这所学校实行 12 年一贯制，男女同校，对所有儿童开放。此后，世界各地包括美、英等国陆续诞生了华德福学校。华德福教育以其独特的教育目的和思想在世界教育领域占有一席之地。目前，全球有 50 个国家和地区设有 12 年制的华德福学校，幼儿园更是不计其数。中国的台湾地区和香港地区也都有比较成熟的华德福学校，深圳和成都也于 2004 年 9 月同时开办了华德福幼儿园。

华德福教育以鲁道夫·斯坦纳创立的人智学为基础，是斯坦纳对个体的意识和精神发展进行深入研究后得出的独特认识。他认为人的发展是阶段性的，每七年为一个周期。在一个人的不同发展阶段，其身体、心灵和精神扮演着不同的角色。华德福教育遵循人的意识发展的规律和发展的阶段性，让人的身体（body）、心灵（soul）和精神（spirit）都得到发展。华德福教育强调以人为本，顺应人的生理和意识的发展，引导人寻找真正的自我，唤醒人对生活和自我的观察和判断，给予自己生命的意义和方向。华德福教育就是一种以人为本，注重儿童身、心、灵，注重精神整体健康和谐发展的全人教育。

（二）华德福教育的环境观

华德福教育重视环境对儿童发展的作用，与鲁道夫·斯坦纳的教育哲学观念一致，其环境观主要体现在以下几个方面：

1. 重视人与自然的和谐，在教育中亲近自然

人智学认为，人的身体与自然界中的矿物、植物和动物是和谐统一的，教育应该给儿童提供条件，从而促进儿童与自然在身体和心灵上的协调。对于儿童而言，最好的东西就是最自然的东西，这些东西对儿童的身体没有伤害，给儿童以美好的感觉。所以，儿童所用的材料都应该是自然的、木的、竹的、棉的、丝的等。即便是声音，都以人声为上乘，而不用机械的传声器；即便是讲故事、唱歌，也都不用录音机。不仅玩具、用具的质地是自然的，它们的形状也以自然天成为佳，如树枝、树根等。天然的素材形态不一、纹理流畅，可以丰富儿童的触觉经验。成人有责任教导儿童以尊重的态度对待大自然，帮助他们从探索大自然中获得快乐并学习关心大自然。这种关心大自然和与大自然和谐共存的意识将是他们以后对人关怀、负责的基础。因此，参与大自然中的生长活动是华德福教育中一个重要的内容，它可以使孩子们形成与大自然的亲密感情。

2. 崇尚善良和唯美，重视让儿童接触美好事物，给儿童树立善良的榜样

华德福教育理论认为，七岁之前的儿童学习的主要方式就是模仿。模仿是儿童的本能，这种本能来自两个方面：一方面来自潜意识，一方面出于需要。因此，在教育生活中要把最美好的东西呈现给孩子。最美好的东西又可以分为两个方面：一个是儿童生活中所接触的材料、环境，就是自然的环境和材料；另一个就是儿童所接触的人，儿童很容易吸收成人的言行和表情。斯坦纳认为如果成人是善良的，自然会散发善良的气质；如果成人是坏脾气的，自然会显现在你的气质中。简单地说，成人的个性、成人的行为一点一滴都会传到儿童身上并影响着他们。所以，教育的重点不在于对孩子说了什么或教了什么，而在于如何预备恰当的环境，如何在孩子们面前表现出高尚的情操，如从举止、表情、言谈所表现出来的博爱、宽容、豁达、宽厚、平和、沉稳等。这决定了儿童发展的倾向，以及他们将来一生的健康。

3．重视儿童生活的节奏韵律和秩序，交替使用“收”和“放”的策略来安排儿童的生活

成人必须为儿童准备一个可以供儿童发展的环境和与儿童生命状态相适应的生活节奏，使儿童自然的生活节奏逐渐地适应社会的自然节律。华德福的教育理念认为，生活和活动的节奏就像呼吸一样重要。所以，华德福幼儿园中孩子的生活和活动都以节奏性、规律性和重复性为原则。重复和秩序能给孩子带来稳定感和安全感、能培养儿童的意志力，是健康身体发展的基础。另外，在一日、一周甚至一年生活中，教师交替使用“收”和“放”的策略来安排儿童的活动可以培养儿童的自主性和创造性。“收”就是教师安排的、有组织的、以静为主的活动；“放”就是儿童自选的、自己开展的、以动为主的活动。这实质上是以动静交替，组织和自选交替来安排儿童的活动，并且将这种原则进一步应用到更大的时间单位之中。儿童的生活节律是由成人用心灵对儿童进行感应或者说在人智学指导之下所获得的，形成适应儿童的生活节律可以帮助儿童正常地成长和发展。

4．尽量少使用外部环境的评价，重视儿童的自我评价和自我肯定

在华德福教育理念中有一个著名的故事。这个故事讲的是两个园丁为国王种玫瑰，其中一个园丁耐不住寂寞，频繁地将根拔出来检查、化验；另一个园丁却从不刻意检查，对自己的栽培技术十分有信心。不久结果出来了，第一个园丁的玫瑰很快就枯萎了，而第二个园丁的玫瑰却盛开着。华德福教育用这个故事将自己与现行教育评价进行区别，现行教育评价好比是第一位园丁，而华德福教育评价就是第二位园丁。华德福教育极力避免因考试、比赛和排名次等评价而给学生带来的不良影响，不让学生把时间和精力花费在无谓的名目繁多的考试上。华德福教育在日常教学中很少对学生的表现进行评价，而是以展示学生学过的东西和取得的成绩来表现每个学生的个性，以及取得的不同程度的进步，让学生们发现自己的进步。

可以看出，华德福教育是从人的心灵发展出发，为儿童准备一个

"身心合一"的环境。它更加注重儿童身体与内在器官的成长，注重儿童自然地吸收天地自然气息，使物质的身体充满自然的力量。在儿童身体发展的过程中，华德福教育注重环境与儿童的发展相协调。儿童是善于模仿的，在其成长过程中我们应该为儿童提供优秀的学习榜样，帮助其养成优秀的个人品质。在对儿童的评价上，华德福教育重视培养儿童的自我内部评价，反对在儿童成长的过程中施以过多的外部评价，过多的外部评价将会对儿童的健康成长造成不良影响。

四、陈鹤琴"活教育"理论的环境观

我们应当把幼稚园的课程打成一片，成为有系统的组织。但是这种有系统的东西应当以什么为中心呢？这当然要根据儿童的环境。

——陈鹤琴

（一）陈鹤琴与他的"活教育"理论

陈鹤琴是我国现代教育史上著名的儿童心理学家、儿童教育家。他建构并完善了中国化、科学化的儿童教育理论体系，构建了现代中国儿童教育新结构，被誉为"中国幼教之父"。在发挥孩子创造力的教育中，他沿用陶行知的理念对教育者提出了"五大解放"，即解放孩子的双手、大脑、嘴巴、空间以及时间。陈鹤琴通过自身积极丰富的教育实践，获得了很多珍贵的教育经验，于 20 世纪 40 年代提出了著名的"活教育"思想，建立了具有鲜明中国特色的第一套系统的教育理论和方法体系，从而树立起了先进的、鲜活的教育理念——"活教育"。

什么是"活教育"？陈鹤琴为了将当时传统的"死教育"变为前进的、主动的、有生气的"活教育"，[①] 提出了要使教师"教活书、活教书、教书活"，使儿童"读活书、活读书、读书活"，并把这一教育主张定义为"活教育"。[②] 陈鹤琴"活教育"理论的内涵主要体现在"三大纲领"（目的论、课程论、方法论）和"两大原则"（教学原则、训育原

① 唐淑，钟昭华. 中国学前教育史 [M]. 北京：人民教育出版社，1993：278.
② 唐淑，钟昭华. 中国学前教育史 [M]. 北京：人民教育出版社，1993：279.

则）中，其核心是要让儿童从“做”中获得身心全面发展。

（二）陈鹤琴“活教育”理论的环境观

陈鹤琴非常强调环境对于儿童的发展价值。他认为小孩子生来大概都是好的，到了后来，或者是好，或者变坏，这与环境是有关系的。环境何以能够在儿童发展中发挥如此大的作用呢？陈鹤琴认为是儿童的三种基本能力决定了环境的作用，这三种基本能力分别是：接受外界的刺激、在脑中保留刺激、在受到刺激的相当时期会发生相当反应。刺激从环境中来，因此儿童应有良好的环境，我们不得不为小孩子创造优良的环境。他的“活教育”理论中的环境观主要体现在以下几个方面：

1．与儿童一起布置环境，可以培养儿童坚毅、积极、合作互助等优良品质

陈鹤琴先生关于幼稚园环境布置有着丰富的论述，他提出要为儿童创设审美的环境和科学的环境。审美的环境包括室外花园、菜圃、树木和室内的挂图、画片、故事等，它们可以培养儿童的情感，陶冶儿童的情操，让儿童在美丽的环境里舒畅身心，受到良好的审美教育；科学的环境包括栽培植物、锄草、饲养动物等，它们使儿童通过双手和感官，不断理解自然界和自然现象之间的关系，通过实践获得真知，并不断提高自己的认识能力。因此，环境布置不应单独以成人的安排为依据，应引导儿童一同布置环境，使儿童在布置环境的过程中，认识四周环境中的事物，了解事物与事物之间的关联，使儿童从改造环境之中创造环境，从而培养儿童坚毅、积极、合作互助等优良品质。

2．幼儿园环境应树立以“儿童的环境”为中心的课程观，凸显儿童的主体性

陈鹤琴在《我们的主张》一文中指出：“我们应当把幼稚园的课程打成一片，成为有系统的组织。但是这种有系统的东西应当以什么为中心呢？这当然要根据儿童的环境。那么，儿童的环境包括什么呢？”儿童的环境包括自然的环境和社会的环境。自然的环境是各种动植物的现象，社会的环境是个人与家庭、集体等的交往。由于这两

种环境是儿童天天要接触的，所以我们应当利用这两种环境作为幼稚园课程的中心。

当课程内容取材于儿童的生活经验，儿童将产生极大的兴趣和热情，会更积极主动地运用其心智去探索、发现和尝试，进而获得更深刻的见解。这种源自生活的课程内容观，尊重儿童的特点、兴趣、爱好和动机，能使儿童在学习活动中的主体地位得到充分体现。

3．环境创设应该多样化

"活教育"要求创设多样化的环境，多样化的环境则蕴含多样化的目标。当儿童置身于一个具有丰富刺激的环境中时，自然有利于儿童的认知、情感、意志和社会性的良好发展。例如，根据"活教育"的目的论，可以在环境创设时，利用好幼儿园环境中的每一寸空间、每一种材料及每一块墙面，对儿童进行爱祖国、爱人类及追求真理的教育，培养儿童做人的态度，养成儿童良好的习惯。在教育中发现儿童内在的兴趣，以促使儿童获得求知的方法，训练人生的基本技能，学会开发创造等，这将有利于促进儿童身心的和谐、健康、稳定、全面发展。[①] 环境创设的全面性、多样化表明，幼儿园教师在幼儿园教育教学中不仅要对儿童进行知识和技能教育，还要促进儿童情感、社会性等的发展。这就要求教育要培养儿童学会做人，达到全方位的发展，这也就是"活教育"目的论的主题和宗旨。

4．幼儿园环境应具有正面导向性

陈鹤琴在其"活教育"理论中提出了对儿童进行教育的"训育十三条原则"，其十三条训育原则从不同的方面和程度揭示了进行儿童道德教育的一些基本规律。例如，它注重德育过程中儿童自觉性的养成，注重争取正面引导和积极鼓励的方法，注重纪律约束和尊重信任相结合的方法，注重家庭、学校、校内外各种因素的整体配合和协调统一，注重说服教育等，尤其重视对儿童进行爱国主义教育，这也正是幼儿园环境

① 常畅．幼儿园活动室墙面环境创设现状研究 [D]．长沙：湖南师范大学，2008.

的教育功能所要表达和提倡的。

陈鹤琴先生关于幼稚园环境观的观点，给当代学前教育工作者深刻认识幼儿园环境留下了一份宝贵“遗产”，至今仍充满着生命活力。它是学前教育事业继续前进的“基石”，并且对我国当前的学前教育，特别是对如何创设一个更有助于儿童发展的教育环境具有重要的借鉴和指导意义。

五、张雪门“行为课程”理论的环境观

儿童通过行动与外界接触，可以感知、体验周围的环境，从而产生需要，提高认识，锻炼作用于客观世界的能力。

——张雪门

（一）张雪门生平与教育活动

张雪门是我国著名的学前教育专家，浙江省宁波人。早在20世纪30年代，他就与我国另一位著名的学前教育专家陈鹤琴先生有“南陈北张”之称。

张雪门幼年研读“四书五经”，毕业于浙江省立第四中学。1912年出任星荫小学校长，在任期间发现，幼稚园的课程教育有的模拟日本、教会所办则抄袭欧美，儿童自幼接受奴化教育。他认为要振兴中华民族，使中国达到国富民强，不受列强宰割，儿童教育者的责任非常重大。1918年，他创办了星荫幼稚园。

1920年，张雪门在宁波创办了幼稚师范学校，开始了幼稚园教师培养工作。之后，他从儿童生活中取材，研究国外幼稚教育，在《新教育评论》上发表“幼稚园第一季度课程”，引起许多关心中国幼稚教育人士的注意。

1931年“九一八”事变后，张雪门的思想发生了很大变化，他开始了对“行为课程”的研究。“卢沟桥事变”之后，他先后前往广西、重庆、天津、北京和台湾开展幼稚教育工作，为恢复幼稚师范教育、保证战后贫苦儿童接受正常教育艰苦奋斗，更以实际行动为树立保育员们的事业心与责任心做出了榜样。

1960 年张雪门因患脑疾而半身不遂，但仍以顽强意志坚持创作。他一生从事幼教研究和教学工作，出版了《幼稚教育》《儿童创作集》《我的童年》《幼儿的发现与创作》《从孩提到青年》《闲情集》《幼教论丛》《幼教师资进修讲话》等专著，为我国学前教育事业留下了宝贵的理论和经验。

（二）行为课程理论

张雪门对幼稚园的课程进行了长期的研究，他在多篇文章中都对幼稚园课程作了论述。他认为课程源于人类的经验，因为这些经验对于人生有重要的帮助，有特殊的价值，所以人类要想满足自己的需求，充实自己的生活，便不得不学这些经验，学得了一些又想学得更多些，而且会把学得的经验传给后人。

行为课程是张雪门课程理论的核心，他指出幼稚园课程应强调直接经验。行为课程首先注意的是实际行动，从行动中所得的认识才是真实的知识，从行动中产生的困难才是真实的问题，从行动中所获得的胜利才是真实的驾驭环境的能力。张雪门在《中国幼稚园课程研究》一书中，完整表述了组织课程的标准："课程须和儿童的生活联络，是有目的、有计划的活动。事前应有准备，应估量环境，应有相当的组织，且需有远大的目标。各种动作和材料全须合于儿童的经验能力和兴趣。动作中，须使儿童有自由发展创作的机会。各种知识、技能、兴趣、习惯等全由儿童直接的经验中获得。"

幼稚园课程应有以下几个特点：首先，幼稚园课程是"整个的"。各种科目都应变成儿童生活的一面，不能分而且也不用分；其次，幼稚园课程是"直接的"。应让儿童通过亲身活动来获得经验，这样对儿童具有更大的发展价值；最后，幼稚园课程是"偏重个体发育的"。幼稚园时期是儿童身体发展最迅速的时期，而且儿童的情绪、兴趣、性情等心理的发展都与这个时期有着密切关系。所以幼稚园课程应更多重视儿童本体，而不是强调社会制约性。根据这些特点，张雪门构建了幼稚园课程结构和相应的教育目标，认为幼稚园课程由游戏、自然、社会、工作与美术、故事和歌谣、音乐、常识等方面组成。[①]

（三）“行为课程”理论的环境观

张雪门在其行为课程理论中强调，儿童是生长的有机体。儿童用自己的生理和心理与其当时的环境相接触，发生交互反应，逐渐生长，以完成这一时期的生命。课程应来源于儿童生活的环境而不是成人的环境，行为课程的内容就是儿童生活周围的自然环境和社会环境中能为儿童所接受并有助于其身心发展的各种经验，环境在行为课程中起着核心作用。

1．儿童应在行动中与环境直接接触

张雪门关于行为课程中“行动”的观点让我们深刻认识到：教育的过程应该是教育者有效地组织、指导儿童活动的过程，而不应该是教师自己活动的过程。幼儿园应为儿童创造一个主动探索的教育环境，让儿童自主地活动、积极地探索，使儿童在与人、事、物的互动中，通过自己的实际行动去体验生活、获得成长。

幼稚园行为课程是以“行动”为中心的课程体系，儿童在行动中学习就是行为课程所提倡的学习方法。张雪门认为行为产生认识、行动发展认识，即使教师用很直观的教学方法不断地启发和指导，也不一定能调动儿童的积极性。张雪门主张寓教育于儿童需要，儿童通过具体的行动与周围环境直接接触，体脑并用，动作与思考相结合，独立地解决问题并对客观环境产生积极的影响。由此可见，行动是儿童学习的最好方式。儿童通过行动与外界接触可以感知和体验周围的环境，从而产生需要，提高认识，锻炼作用于客观世界的能力。

2．课程应在儿童的环境中搜索材料

为了达到行动课程所要求的目的，张雪门提出了选择内容的具体标准：“应在儿童自己的环境里搜集材料”，而不是由成人来主观地决定，“因为成人的经验，不是儿童的经验”。[②] 这一点充分体现了张雪门对儿

① 戴自俺．张雪门幼儿教育文集（上下卷）[M]．北京：北京少年儿童出版社，1994：404．
② 戴自俺．张雪门幼儿教育文集（上下卷）[M]．北京：北京少年儿童出版社，1994：181．

童主体的尊重及其本土化的教育思想。根据以上标准，他将选择的内容分为三个方面：儿童自发的诸项活动，即儿童主动进行的一些活动，如攀登、呼吸；儿童的自然环境，包括儿童周围生活中一切有关自然界的事物与知识；儿童的社会环境，即与儿童现在生活或未来生活相关的社会生活知识，如家庭、邻里、临近的地方、各种职业活动等。

张雪门是一个与时俱进的学前教育专家，他的行为课程理论强调儿童在行动中、在与环境的相互作用中得到发展，主张课程经验应来源于儿童环境而不是成人环境，提倡充分发挥儿童周围环境的教育功能。这些观点，为发展学前教育事业提供了坚实的理论依据，也深化了学前教育工作者对环境的理解。

不言而喻，儿童的发展与环境息息相关，儿童的发展如若离开环境的支持，就会成为“无源之水”。儿童通过自身积极的探索，不断与环境相互作用，不断获得新的认识和经验，进而得到发展。基于此，学前教育工作者务必为儿童提供适合其身心发展特点的环境，促进儿童生命自由发展；成人要与儿童一起布置环境，从儿童的已有经验和生活周围出发，发挥儿童的主动性和创造性。同时，也要充分发挥环境的教育功能，引导儿童在环境中快乐地成长。

总之，环境对人的发展的影响是巨大的，作为学前教育工作者一定要充分认清环境在教育中的作用，在行动中不断发现新的知识，超越过去与现在，开拓出更加充实的环境理念。只有这样，才能充分发挥环境在教育中的价值。

第五节　环境对幼儿发展重要性的经验依据

前几节已经从脑科学、心理学、教育学等理论层面上论证了环境对幼儿发展的重要性，本部分将着重从经验视角来佐证环境对幼儿成长的重要价值。

一、典型案例

【案例一】

1920 年，在印度加尔各答东北的一个名叫米德纳波尔的小城，美国牧师辛格发现了两个“狼孩”，大的年龄约七岁，小的年龄约两岁。之后，两个小女孩被送到米德纳波尔的孤儿院去抚养，还给她们取了名字，大的叫卡玛拉，小的叫阿玛拉。第二年，阿玛拉就死了，卡玛拉则一直活到 1929 年。刚被发现时，她们的行为和狼一样，用四肢行走，慢走时膝盖和手着地，快跑时手掌和脚掌同时着地，而且她们总是白天躲起来睡觉，晚上行动，并且像狼一样嚎叫。她们怕火、怕光，也怕水，从不让人们替她们洗澡。她们不吃素食，喜欢吃肉，吃食物时不用手拿，而是用牙齿撕咬。在辛格的悉心照料下，卡玛拉 2 年后才学会站立，6 年后才能艰难地直立行走，但跑时还是四肢并用。此外，她用了 4 年才学会 6 个词，7 年才学会 45 个词。卡玛拉 16 岁死亡时，智力也只相当于三四岁的孩子。

【案例二】

1957 年，在美国，一名叫做吉妮（化名）的女孩出生了，但是 20 个月后，她的噩梦就开始了，她的父亲克拉克・伟利认为她大脑不健全，于是借口保护她，亲手把女儿单独锁在一间黑暗的房间中，一锁就是 12 年之久。在这 12 年中，吉妮和外界失去了所有联系，她能见到的只有她暴戾的父亲，只要她一发出任何声音，便会遭到父亲的辱骂和虐待，恐惧时刻笼罩着她的心灵。13 岁时，50 岁的母亲艾尔琳・艾里妮经历千辛万苦，带着吉妮逃了出来。14 岁时，吉妮被送入美国加州大学洛杉矶分校儿童医院，此时的吉妮语言和行动能力只有婴儿的水平，识字还不到 20 个，只会说几个简单的单词，如“停下”“不要”，以及其他几个带有否定意义的词。经过持续的治疗，虽然有所好转，但是她的语言水平相比同龄儿童仍然相去甚远。

【案例三】

孟子小时候，居住的地方离墓地很近，孟子学了些祭拜之类的事，玩起办理丧事的游戏。他的母亲说："这个地方不适合孩子居住。"于是将家搬到集市旁，孟子学了些做买卖的东西。母亲想：这个地方还是不适合孩子居住。又将家搬到屠宰场的附近，孟子便学起了屠宰的事。孟母又搬家了，这次将家搬到学宫旁边。孟子学会了在朝廷上鞠躬行礼及进退的礼节。孟母说："这才是适合孩子居住的地方。"于是就在这里定居下来了，后来孟子成为了一代大儒。

二、分析与反思

马克思曾说，人不能脱离社会而存在，人的本质是各种社会关系的总和。研究发现，狼孩和同龄人在脑的结构上并没有什么区别，区别是在狼孩生命的最初几年，脱离了人类社会，大脑得不到环境的有效刺激。同样的是，吉妮在 12 岁以前，被父亲单独锁在一间黑暗的屋子里，并和外界环境失去了所有联系。狼孩和吉妮的事例表明，环境在人的发展中的重要性，尤其是生命的前几年。脱离了人类社会环境，就成不了人。正如狼孩和吉妮所表现的那样，语言表达能力差，智力低下，只能达到婴幼儿的水平。从对他们的教育情况来看，虽然花费了相当大的努力和心血，却没有取得理想的效果，相比于同龄儿童，差距仍然很大。这说明了在人的早期阶段，言语、行为等的发展可能有一个敏感期。错过了这个敏感期，或许会给人的一生造成无法挽回的伤害。

【案例一】和【案例二】表明了环境对人的行为影响巨大。例如，狼孩的行为和狼一样；吉妮在父亲的虐待下，只会说"停下""不要"等一些具有否定意义的词。

【案例三】则告诉我们，良好的环境对孩子的成长至关重要。试想，如果当初没有孟母的深思熟虑，为孟子选择一个好的环境，那么，中国很可能就失去了一位伟大的政治家、思想家和教育家。孟子可能是一个主持丧葬的司仪，或是一个屠夫，抑或是做起小买卖，成为一个商人。

选对了环境，等于选对了一位“老师”。“蓬生麻中，不扶而直；白沙在涅，与之俱黑”说的就是这一道理，环境始终以潜移默化的方式影响着周围的人们。正如我国著名的学前教育专家陈鹤琴先生所说：寻常儿童的优劣智愚，虽有先天的基础，亦决定于后天环境的影响。倘若儿童处的环境是卑鄙龌龊的，那么难望其光明正大的了；倘若环境是奢侈繁华的，难望其能节俭朴实的了。”[①]

三个案例，让我们清楚地看到，离开了正常的环境，人可能就无法成为人，这在生命早期尤其明显。更让我们看到，环境对人的影响之大，影响之深远。

脑科学、心理学、教育学和经验视角都不约而同地向我们讲述了环境与幼儿成长之间的关系。一个支持性的、健康的、好的环境有利于幼儿的健康发展；一个恶劣的、剥夺性的环境，可能会对幼儿的一生造成不可估量的危害。因此，我们需要高度重视幼儿成长的早期环境。

① 北京市教育科学研究所．陈鹤琴文集（上卷）[M]．北京：北京出版社，1983：2．

第二章　农村环境的特点

一说到农村环境，人们脑海里闪现的可能是这样一幅画面：群山环绕，郁郁葱葱的一片土地上坐落着一个村庄，村民们在田间辛勤劳作。那里炊烟袅袅，鸟语花香，那里环境优美，民风淳朴。但是，也可能是另一种画面：交通不便、经济落后，条件恶劣，村民知识水平不高，甚至封建迷信。的确，与城市相比，农村有劣势，但也有优势。对于农村学前教育的发展而言，同样如此。所以，推动农村学前教育的发展，要从两方面着手：一是探寻和发展农村环境的优势，使之能被农村学前教育发展所利用；二是揭示农村环境的劣势，进而采取针对性的举措，做到扬长避短。

第一节　农村环境的优势

一般谈到农村，总会将其与“落后”“封闭”“低”“差”“狭窄”等词联系在一起，如“生产技术较为落后，经济活动较为简单”“基础设施较差，生活水平较低”等。其实，农村作为人类社会最古老和最主要的生活地域，直到今天，在自然环境和社会环境方面，仍有着它独特的优势。

一、农村环境概述

农村是人类社会最古老和最主要的生活地域。在一万年以前，当早期人类结束了狩猎、捕鱼、采集的游牧生活，在固定的地域定居下来从事农业生产时，便形成了一个个村落。这些在固定村落居住、从事农业生产的人的共同体形成了最早的农村——原始农村公社。农村是人类农业生产出现和发展的结果，是人类居住形式和生产形式的一次深刻变革。随着社会结构变迁，农村社会大致经历了村落社会、封邑社会、井田制社会和租佃社会等几个阶段。[①] 农村既然是人类农业生产出现和发展的结果，必然意味着“农村”的概念随着“农业”概念的发展而发展。随着社会变迁，“农业”的概念在不断发展和变化，如都市农业、生态农业、休闲农业、有机农业等都是对“传统农业”概念的一种丰富和扩展。

农村是“以从事农业生产为主的人聚居的地方”。[②] 秦志华认为，农村亦称乡村，是指城市以外的一切区域。“农村”的概念来源于“农业”的概念，但不同于农业，农村不是一个产业概念，而是一个同城市相对而言的地域概念。农村不仅包括分布于这一地域之内的国民经济各部门，而且是生态环境、经济、社会的综合体。[③]《市场经济学大辞典》同样把农村作为与城市相对应的区域，具有特定的自然景观和社会经济条件，也叫乡村。总的来说，农村的概念至少有三层含义：（1）地域概念；（2）与城市对应；（3）社会经济以农业生产为主。“农村”不仅是一个地域概念，农村社会学的兴起和发展，也使得“农村”作为一个社会学概念得到大家的认同。农村社会学认为，农村是一个整体，这个整体就是整个农村社会。它是由许许多多的农村社区共同组成的，它具有相对于城市社会的特殊的人群组织、特殊的生存空间、特殊的生存方式和特殊的文化背景。美国社会学家吉勒特称农村社会是“一部分人居住于人口密度最低，面积最广的区域，从共同兴趣、工作与生活方式上，发生一种同类意识，他们在一种或多种事业上有共同兴趣，因此互相沟通、彼此合作，他们的兴趣或在一处，或在多处，他们的主要实业就是农业收获，他们的社会组织和反应比较少而且简，并且大多为空间和生

① 廖盖隆，等. 马克思主义要览·下卷 [M]. 北京：人民日报出版社，1993.
② 中科院语言研究所词典编辑室. 现代汉语词典 [M]. 北京：商务印书馆，2012：752.
③ 秦志华，等. 中国农村工作大辞典 [M]. 北京：警官教育出版社，1993.

产方式所支配，他们的主要社会单位是家庭”。[①] 所以，“农村”既是一个地域概念，也是一个文化社会学概念。关注农村环境的特点，应同时关注其地理自然环境和人文社会环境。

中国属于特有的城乡二元体制，对中国城乡的划分，学术界主要存在三种划分方式：一是城市、县镇、农村（乡村）；二是城市（包括县镇）、农村；三是城市；农村（包括县镇）。本书对于农村的划分基于我国当前的行政区域划分方式，即基于四级制行政区域划分：省、自治区、直辖市—设区的市、自治州—县、自治县、市—乡、民族乡、镇。因此，农村是指乡镇以下（包括乡镇）的行政区域。

基于“环境”和“农村”概念的界定，本书中的“农村环境”是指：对生活于乡镇以下（包括乡镇）行政区域的个体的发展产生影响的外部自然环境和精神环境的总和。

二、自然环境的优势

相比城市，农村在自然环境方面有得天独厚的优势，地广人稀，有着丰富的自然资源、良好的生态环境、宽敞的空间资源。这对于农村学前教育，无疑具有巨大价值。

（一）丰富的自然资源

自然资源是指自然界中能够被人类用于生产、生活的物质和能量的总和，是自然界中可供人类为生存和发展而开发、利用的原始物资，是人类生活资料、生产资料的来源，是经济增长与发展、社会进步、生态环境协调发展的物质基础与基本要素。自然资源包括生物资源、土地资源、气候资源、森林资源、矿产资源、水资源，以及能量循环体系、生态体系、自然环境条件等。按照经济、社会用途的不同，自然资源可分为生产资源、风景旅游资源、科学教育研究资源等类别。[②]

毋庸置疑，与城市相比，农村地区蕴含丰富的自然资源，农村的山

① 转引自言心哲．农村社会学概论 [M]．北京：中华书局，1934：16.

② 刘树成．现代经济词典 [M]．南京：凤凰出版社，2005.

山水水、花花草草、飞禽走兽无不充满活力、生机和灵性。相比城市，这些资源更容易获得和利用，对于农村学前教育来说是一笔不可多得的巨大财富。以下的自然资源都可以被开发利用，成为农村学前教育的优质资源。

1．丰富多样的生物资源

我国地域辽阔，拥有960万平方公里的国土面积。截至2013年底，全国城镇土地只占全国土地面积的8.9%，农村土地面积约占全国土地总面积的90%。我国地跨寒、温、热气候带，由于独特的地理位置与复杂的自然条件，地貌复杂、河流纵横、湖泊众多、气候多样，为各种生物及生态系统类型的形成与发展提供了优越的自然条件，从而成为世界上生物多样性最为丰富的国家之一。森林是最重要的陆地生态系统，蕴藏了大量的生物物种，是生物多样性最为丰富的生态系统类型。农村地区由于面积广阔，而且自然环境保存相对更完善，无论是植物的覆盖率，还是植物的种类都远远高于城市地区。在动物资源方面，我国也是动物种类繁多，野生动物在农村地区也比较常见。就广东省而言，据《广东省野生动植物和自然保护区资源监管项目可行性研究报告》指出，广东省境内自然生态环境复杂多样，是"七山一水两分田"的林业大省。境内野生动植物资源较为丰富，已发现的各种植物达7 055种，其中木本4 000多种，占全国木本植物的80%；全省共有陆生野生动物771种，其中，列入国家重点保护的野生动物113种。

大部分野生动植物分布于广大农村地区，这些野生动植物可以作为很好的课程资源被运用到幼儿园活动或环境创设中。例如，不同形状、不同颜色、不同生长习性、不同品种的植物；同样的植物，在不同的气候、环境条件下具有不同的生长特点，包括发芽、开花、果实成熟时间等，这些都可以成为幼儿科学探究活动的内容。同样，探究动物的特点、习性、生活方式，如鸟、昆虫等，也可以丰富幼儿园活动的内容。

2．奇妙有趣的自然现象

农村生态环境保持得相对完好，可以见到在城市难以看到的自然现象，如蚂蚁搬家，农作物的季节变化等，主要有物理现象、天文现象、季节现象、物理现象等几大类。奇妙而有趣的自然现象能激发幼儿的好奇心和探索欲，应该成为幼儿园重要的课程资源。

（1）天文现象

工业的迅速发展，使环境污染、大气污染等已经成为许多城市的共同难题。而农村自然环境优美，空气清新，每天日出日落，暮至星起，幼儿能够欣赏绚丽的繁星，感受夜空的深邃，畅想夜空的奥秘。除此之外，雨后彩虹、流星飞逝等在农村是再平常不过的事。能亲眼观察和感受这些天文现象，是农村幼儿的独特优势。

（2）生物现象

常见的生物现象有鸡蛋孵化、蚂蚁搬家、青蛙繁殖、燕子筑巢等。这些最平常的生物现象对于城市幼儿来说，一般只能通过图书、网络等间接学习，很难亲身去实践、去体验。但对于生活在农村的幼儿来说，这些现象就在他们身边，是他们生活的一部分，再熟悉不过。例如，春季一到，在河里、在池塘中就能见到成千上万的小蝌蚪。这些都给予了农村幼儿大量体验自然，近距离观察生物现象的机会，满足其好奇心。

（3）季节和气候现象

相比城市幼儿，四季更替或季节变化带给农村幼儿的感受更直接和明显。由于大棚蔬菜和水果的供应，城市居民在冬天照样能吃到夏季的水果、蔬菜；空调可以调节室内温度；花坛永远鲜花绽放，因为工作人员会按季节换上合适的植物花卉。然而，农村的主要生活方式还是自给自足，平常的粮食蔬菜瓜果仍主要通过农户自己种植，自给自足的生活方式使得农村的生活跟季节变化息息相关，因为不同农作物的种植和生长有其季节特点，通过不同季节农作物的播种、生长、收割的过程，可以使农村幼儿更加直观、明显地感受到季节的交替变化。南方和北方由于气候条件不同，种植物的生长习性也不同，这些都可以引导幼儿探索季节变化的特点和影响。除此之外，农村幼儿可以更直接地感受到由于季节变化所带来的各种气候现象，如暴风雨、冰雹、下雪等，更能体会如“瑞雪兆丰年”“揠苗助长”等词语的含义。

3．无处不在的自然景观

“青山绿水”“鸟语花香”“梯田层层”“果树满坡”“生机勃勃”这些词汇时常出现在对农村自然景观的描绘中，与描绘城市环境的“交通堵塞”“人群拥挤”“空气污染”等词汇形成鲜明的对比，虽然农村生态环境问题愈来愈突出，但自然景观仍随处可见，无论是山川河流，还是飞禽走兽，无论是美丽的田野，还是广阔的森林，幼儿生活在这里，不仅是身体感官的一种享受，还可以陶冶情操，促进审美的发展。教师应在保证幼儿安全的前提下，带领幼儿走出幼儿园，走进田野，感受大自然的恩赐。

（二）良好的生态环境

“在一定的空间里，生物与生物之间，生物与环境之间，密切联系，彼此影响，相互适应，相互制约，并通过食物链进行物质和能量的交换，这种生物与环境的结合体，叫生态系统。自然界是由各种各样的生态系统组成的。生态系统处于相对和谐、稳定循环的状态叫生态平衡。对人类而言，地球上任何生态系统都是人类生存环境的一部分，即人类的生态环境。生态环境是全人类赖以生存的物质基础。”①

中国自改革开放以来，经济持续高速增长，成为一个迈向工业化、城市化的国家，我国大型工业企业主要集中在城市。社会和经济的发展，促进了城市的大发展。然而，城市的生态环境问题十分突出，常见的城市生态问题有：大气污染、水污染、固体废弃物污染、土壤土质污染、噪声污染等。②

当前，广大农村生态环境保持得较为良好，相对城市而言还是难得的净土。农村的空气环境质量、水环境质量、声环境质量，特别是生态环境质量，都超过城市。很多农村一年四季空气清新，气候宜人。

① 向洪．国情教育大辞典 [M]．成都：成都科技大学出版社，1990．

② 李秉成．中国城市生态环境问题及可持续发展 [J]．干旱区资源与环境，2006（2）：1-6．

1．大气污染少

大多数农村，长期经营着单一的传统农业，导致经济发展缓慢，工业化程度不高，排放的废气和工业污染少。农村的植被覆盖率也较高，植被具有调节气候、涵养水源、保持水土、防风固沙、改良土壤、减少污染、净化空气等多种功能，对维持生态平衡起着决定性和不可替代的作用。相比城市，农村地域广阔，人口密度较低，机动车拥有量较少，尾气排放少等。在某种意义上，这些因素给农村留下了蓝蓝的天空、清新的空气。大气污染对人体的危害是多方面的，如果人体长时间吸入污染了的空气，会引起支气管炎、支气管哮喘、肺气肿、肺癌等疾病；当大气中空气污染物浓度较高时，还可能会造成急性污染中毒。幼儿抵抗力较弱，大气污染给幼儿造成的伤害更大。农村给幼儿留下了一片湛蓝的天空、一片清新的大地。

2．噪声污染低

近年来，工地施工或城区汽车鸣笛等造成的噪声污染已成为仅次于大气污染和水污染的第三大城市公害，极大地影响了城市居民（包括幼儿）的正常生活和工作。某大型网站进行的一项噪声污染调查中，高达98％的网友表示自己曾受到噪声污染，有约63％的网友表示在生活中受到了3种以上噪声污染。生活在城市中的人们，不可避免地要遭受各种“噪声轰炸”，也迫不得已地开始习惯于这当中的生活。[①]2011年4月世界卫生组织和欧盟合作研究中心公开了一份关于噪声对健康影响的全面报告《噪声污染导致的疾病负担》，它指出噪声污染已成为继空气污染之后的人类公共健康的第二个杀手，不仅导致人睡眠质量不佳、心情抑郁烦躁，甚至可能引发或触发心脏病、学习障碍和耳鸣等疾病，进而减少人的寿命。

噪声最直接的危害是损害幼儿的听力，导致弱听、耳聋等严重问题，还会影响幼儿的休息，导致幼儿多梦、容易惊醒等，进而影响

① 李绍飞．城市噪声污染调查[J]．北方人（悦读），2012（11）：26-27．

幼儿第二天的学习和生活，甚至给幼儿的认知和行为带来不良的影响。在农村，一般来说，噪声的频率较低、强度较小、持续时间较短，这在一定程度上保证了农村幼儿有一个良好的休息、学习与生活环境。

3．水环境污染程度较低

城市的快速发展和人口的过度膨胀导致我国水资源严重紧张，据环保部门调查显示，我国城镇每天至少有1亿吨污水在没有处理的情况下被随意排放。目前，我国90%的城市水域受到了严重污染，50%的水源已经不符合饮用水的标准，40%的水源不能饮用。伴随着水污染的加剧，很多安全事故也不断出现。2007年5月，太湖蓝藻暴发造成江苏省无锡市数百万群众饮水危机。水污染不仅影响工业、农业，还会对人们的身体健康造成严重影响。[①] 农村水环境是分布在农村的河流、湖沼、沟渠、池塘、水库等地表水体、土壤水和地下水体的总称。虽然此前环保部门针对全国798个村庄的农村环境质量试点检测结果表明，农村饮用水和地表水均受到不同程度的污染，但大部分生态环境保持良好的乡村，仍然可以见到清澈的小溪，能喝到甘甜的山泉水。有些农村仍未通自来水，只能依靠井水，井水一般较深，保证了幼儿的饮水安全。良好的水环境，是农村幼儿生命健康的基本保障，也是农村幼儿观赏、游玩的自然资源，更是幼儿感受人与自然和谐共处的教育资源之一。

（三）宽敞的空间资源

相对于城市，农村地域广阔，空间资源充裕。宽敞的空间资源，使得幼儿园在建园选址、空间利用方面，都有着巨大的优势。一般来说，农村幼儿园室内空间较大，户外活动场地开阔宽广，使得幼儿有着足够的空间玩耍、游戏和奔跑，也为幼儿园举办活动提供了便利。

① 邢美兰，高鹏，袁亚杰，等．城市水污染的现状及治理建议分析[J]．科技信息，2014（3）：240.

三、社会环境的优势

农村保留着最原始的生活方式，其成千上万年的发展历程孕育了大量社会文明，乡村文化是我国传统文化中最具魅力、最绚烂的瑰宝，相比于“年轻”的城市，农村在文化方面是根，是基，有着极大的优势。朴实的民风、多彩的民俗以及丰富的乡规民约，是农村学前教育发展的重要资源，不仅有利于农村学前教育的推进，也有利于农村幼儿的身心发展。

（一）朴实的民风

美国学者萨姆纳在其1906年出版的《民风》一书中第一次提出“民风”概念，英文为Folkways。最初民风主要是在不自觉情况下起作用，具体表现为公众立身处世的行为模式，在不知不觉中被人所接受。发展到稳定时，成为习俗……违反民风会受到社会的谴责及非正式惩罚，如回避、摈弃、排斥等，若破坏了民德会受到更严厉的指责或惩罚。[①] 民风是指社会成员由学习而得到的一种共同的行为模式，为一个社会群体所共有的代代相袭的行为方式，它是社会行为的基本力量。民风虽然看不见、摸不着，却无时无刻不在潜移默化地影响着生活于其中的人们。简单一点说，民风，就是民间的风尚、风气。

农业的特殊性反映在农民身上，就表现为农民自身独特的品质和内在气质，绝大部分传统农民在世人眼中都是默默无闻、憨厚老实、辛勤耕耘、朴实无华的形象，从性格层面来说，大多数传统农民具有开朗活泼、随和、人际关系融洽、合作意识强、行动积极等性格，这可能与农业生产周期短、人们易于从中体验到成功的乐趣所致。[②] 当前我国农民的性格，虽不像以前的农民具有浓厚的传统色彩，但比起城市的居民，他们的性格还是具有相当的传统气质，带有显著的特

① 史仲文，胡晓林，祁庆富，等．中华文化习俗辞典·文化习俗 [M]．北京：中国国际广播出版社，1998：2．

② 徐杰舜，刘冰清．乡村人类学 [M]．银川：宁夏人民出版社，2012：99．

点，农民这样的性格特点也使得农村地区民风朴实。具体体现在以下方面：

1．农村治安状况好

相比于城市，农村社会治安好，打架斗殴、偷盗、奸淫、抢劫等情况较少发生。这种民风是受千百年来传统文化或宗教文化中的道德伦理约束、孕育出来的。某市 2010 年对农村治安状况进行调查，在受调查的 2 712 人当中，认为居住地很安全的有 194 人，占总样本数的 7.2%；认为安全的有 1 352 人，占总样本数的 49.9%；认为基本安全的有 662 人，占总样本数的 24.4%；认为居住地不安全的有 439 人，占总样本数的 16.2%；认为很不安全的有 65 人，占总样本数的 2.4%。超过 80% 的农村居民认为治安状况良好，有安全感。这样的治安环境毫无疑问有利于幼儿的健康成长，不仅能保障幼儿的身体健康，也给予幼儿心理上的安全感。农村幼儿也能在这样和谐安全的环境下耳濡目染，养成良好的品性。

2．传统美德源远流长

传统美德，是中华民族传统道德的精华，也是中华民族优秀文化的重要组成部分。传统美德，如互助、谦让、孝顺、诚信、勤俭、朴实、热情好客、和睦等在农民身上及农民对子女的教育上可以明显感受得到。例如，农民务实勤劳、生活节俭；日常生活和生产中邻居、同乡的互帮互助等。这些都体现在农村生活中的方方面面。对幼儿来说，不仅为他们的教育和成长提供了良好的榜样和环境，也无形中传播了中华传统美德，促进了中国传统文化的延续和生长。

3．农村人际关系和谐

中国传统农村社会是以家族、人伦为本位的社会，彼此之间的交往关系建立在血缘与情感的基础上。由于长期定居、依附土地而缺乏流动的农业生产和生活方式，使血缘关系成为了中国传统乡土社会的主要纽带，同时也使得以血缘为纽带的家庭、家族和宗族得以繁衍和延续。中国传统社会的人际交往是始于家庭的，而家庭血缘关系主要是由情感来维系的。因此可以说，农村人与人之间的交往主要依赖人的情感，长此以往就形成了一个“熟人社会”。在这样的社会里，人际关系呈现出了一种特色：几乎所有的关系都可以用“熟人”来进行诠释，只要有关系就可以成为熟人，通过熟人获得更多的关系，再成为熟人。这样循环往复，社会中一张张复杂的关系网交织、延伸开来。借用费孝通的话说，“这是一个‘熟悉’的社会，没有陌生人的社会”。“熟人社会”关系相对复杂、牢固，且它内部有着较高的信任度，人们从熟悉得到信任。① 在这样的“熟人社会”里，人与人之间的关系真实，且重情感。而现在的都市生活，人与人之间往往表现出暂时性、表面性、广泛性，正常的人际关系就是一种客客气气、彼此尊重但又保持距离的关系。幼儿在人际关系和谐的环境中成长，能培养他们信任、善良等良好的社会品质，并且促进他们情感健康积极的发展。

4. 与自然环境和谐共处

农业生产是在与自然的互动中实现的，农业的劳作需要土壤、水、光照等自然条件，并与之协调才能取得好的收成。因此，农民关心气象，积累了许多气象知识，根据天气情况安排农活。他们也关心光照，不同光照的地块他们会选择不同的农作物进行种植。农民在与自然界的持续互动中积累了丰富的乡土知识和农业经验。这与在室内生产的工业完全不同，农业离不开与充满生命力的自然的互动。在与自然的交流中，人们感悟到自然的力量，学会了尊重万物、尊重自然、尊重环境，与自然环境的和谐共处便成了习以为常之事。② 文化和自然，是幼儿生活环境的两大层面，是幼儿成长的必需品。农村居民这种与自然和谐共处的生活方式为农村幼儿的发展提供了天然条件，使农村幼儿生活在最纯粹的自然环境之中，与自然良性互动，正如种子在土里发芽，幼儿是在与自然万物的接触中成长、发展的。大自然是幼儿生命的摇篮，它赋予幼儿无限的生机活力，不仅能丰富幼儿的认知经

① 杜瑞芹. 中国传统乡土伦理与当代农村人际关系研究 [D]. 西宁：青海师范大学，2010.
② 朱启臻. 农业社会学 [M]. 北京：社会科学文献出版社，2009：136-137.

验、提升幼儿的审美体验，在与自然的充分互动中，还能锻炼幼儿身体素质。①

总的来说，朴实的民风是农村幼儿健康发展重要的精神食粮，它无时无刻不以潜在的、内隐的方式影响着他们。

（二）多彩的民俗

民俗，是民间风俗习惯的总称，包括一个民族长期形成的风俗、习惯、信仰、节日、民间工艺以及口头传承文学，诸如神话、传说故事、谜语、谚语、歌谣等，体现着该民族的民族心理和特征。先秦典籍中出现的这一词汇，含义为民间习俗。《礼·缁衣》："故君民者，章好以示民俗，慎恶以御民之淫，则民不惑矣。"古汉语中有许多语汇表述类似的意义，如"风俗""风气""风土""风谣""风化""土风""土俗""方俗"等。② 总的来说，民俗文化是指一个国家、民族、地区的民众所创造的并通过口头、物质、民俗或行为等非正式、非官方的形式传承下来的全民共享的风俗生活习惯，是民间民众的风俗生活文化的统称。民间游戏、民间故事、民间歌谣、民间艺术、民间文学、民间风俗等都是民俗文化的具体表现形式。

农村民俗文化是在一定的社会经济条件下形成，以农民为载体，在农村广泛流传，由生活在农村区域的人们在生活实践中创造，深深地扎根、活跃在民间几千年的产物。民俗文化不仅是一个民族久远的历史记忆，也是一个民族现代文明所赖以存在的基础。民俗文化的学习和传承对幼儿个体发展和社会发展都有巨大价值，就幼儿发展而言，可以促进幼儿对文化的认同，增强对文化的归属感；可以培养文化包容意识，发展幼儿多样性思维能力；通过参加民俗文化中的各种活动或运动，幼儿获得了身心的愉悦，也促进情感、审美、道德等的成长。

农村民俗文化蕴藏在农村的每一个角落，体现在农村生活的方方面

① 皮军功. 自然教育：农村幼儿教育的基本理念 [J]. 学前教育研究，2012（11）：17-19.

② 史仲文，胡晓林，祁庆富，等. 中华文化习俗辞典•文化习俗 [M]. 北京：中国国际广播出版社，1998：1.

面。在许多乡村，一座山有一个神秘的传说，甚至一幢不起眼的建筑、一棵普通的青松，也有一段源远流长的感人过往；一首歌谣、一句谚语，都深藏丰富的生产、生活哲理；那些与青山相依、与河水相伴的民居民寨，更是包容着历史形成的、浓郁淳朴的民间文化厚实底蕴。我国的原生态文化主要发源、形成于广大乡村，展现乡里人从事耕种的劳动习俗、衣食住行的生活习俗，各具特色、五彩缤纷。这些美妙动人的民间文化形态，都是前辈的原生态作品，是我们宝贵的精神财富，不可多得的文化遗产，也是农村学前教育的特色教育资源。

作为学前教育特色教育资源的农村民俗主要包括以下几个方面：

1. 民间游戏

民间游戏是流传于广大人民生活中的嬉戏娱乐活动，俗称“玩耍”。游戏是游艺民俗中最常见、最普遍、最有趣的娱乐活动，主要流传于少年儿童中间和节日里成年人娱乐节目之中。民间游戏生动有趣，没有任何功利色彩，能满足幼儿需要，幼儿愿意参与其中，并乐此不疲。现如今，绝大部分城市都建有多种多样、大大小小的娱乐游戏设施，城市的幼儿从不缺乏新鲜、丰富、刺激的娱乐游戏方式，如户外有各种大型游乐场、公园等，室内有各种玩具或电子产品。与之相反，大部分农村没有这些娱乐设施及娱乐场地，多数农村幼儿只能选择传统的游戏活动和娱乐方式。民间传统游戏项目有很多，如过家家、捉迷藏、踩高跷、抽陀螺、打水漂、丢石子、掷沙包、滚铁环、跳房子、跳绳、跳格子、荡秋千、滚铁环、踢毽子、老鹰捉小鸡、捉泥鳅、斗蝈蝈等。游戏是幼儿的天性，是幼儿内心最真的呼唤，不论在什么年代，幼儿的健康成长都离不开游戏。幼儿通过主动参与民间游戏，与同伴协商、交流、合作，能提高幼儿的语言表达能力，增强幼儿的自信心，培养幼儿的自主性，并不断提高幼儿解决问题的能力。游戏还有利于幼儿学习规则，发展幼儿的自控能力。

2. 民间故事

民间故事是民间文学的重要门类之一。它有广义和狭义之分。广义的民间故事是指劳动人民口头创作并在民间流传的包括神话、传说、生活故事、笑话、寓言、童话等所有散文作品的通称。狭义的民间故事指的是除神话、传说以外的富有幻想色彩和现实性较强的口头创作的散文作品。民间故事具有一定的幻想性和传奇色彩，有人物，有生动完整的情节，反映生活的范围很广，是劳动人民从长期的历史经验中所获得的对现实的深刻认识的结果。它反映了劳动人民的善良、勤劳、勇敢、智慧，以及为追求理想而进行斗争的精神。① 民间故事通过口口相传的传播方式在农村地区广泛流传，历史悠久。这些神话、故事，反映的是群众生产与生活的方方面面，如捕猎、种植、饮食、婚嫁、纺织等；而且民间故事作品在创作和流行的过程中，受不同地域和生活方式的影响，不同地方所流传的民间故事各具地方特色，“山区无海神”就说明了这个道理。这些民间故事不仅仅是广大劳动人民智慧的总结，更包含着他们的道德观念与精神追求，传达着民族的风俗与传统等；除此之外，民间故事内容情节夸张、充满幻想，生动有趣的故事情节特别容易吸引幼儿的兴趣和注意力，有利于激发幼儿的想象力，如各地区关于神、仙、鬼、怪的神话传说。不同地区文化及信仰不同，流传着的神话传说也不同。就拿广东省来说，广东一个省孕育着三种不同的文化，即广府文化、客家文化、潮汕文化，流传于广府文化中的神话故事有《永年洼的传说》，流传于客家文化中的神话故事有《牛石头村》，流传于潮汕文化中有关于“公婆神”的神话故事等。民间故事不仅可以作为农村幼儿园语言教育活动的课程资源，丰富农村幼儿语言活动形式和内容，也可以感染和熏陶幼儿心灵，并促进幼儿想象力和创造力的发展。

3．民间歌谣

民间歌谣是劳动人民集体的口头诗歌创作，属于民间文学中可以歌唱和吟诵的韵文部分。民间歌谣种类繁多，按内容大致可以分为劳动

① 姜彬．中国民间文学大辞典 [M]．上海：上海文艺出版社，1992：6.

歌、礼仪歌、时政歌、生活歌、情歌五类。童谣的出现自然是因为服务对象是幼儿的缘故，为符合幼儿说话发音的习惯，童谣在语言形式上多用短句，以三字句为主，幼儿唱来朗朗上口，也容易记住。而且，童谣的内容简单而形象，适合幼儿的思维特点；有些富于神话或魔幻色彩，注重幼儿的心理特点。民间歌谣的风格，因地区、民族等不同而各异。汉族民歌，北方的多偏于豪放，南方的一般比较婉约。但同为南方民歌，吴歌又比楚歌更显细腻。根据民间歌谣尤其是童谣的特点，结合不同地方文化，将本地富有特色的童谣整合进农村幼儿园课程，不仅能够有效提升农村幼儿的文化认同感和乡土情怀，而且能够发展幼儿的审美和认知。

4．民间艺术

民间艺术相对于学院派艺术、文人艺术而言，是广大劳动群众为满足自己的生活和审美需求而创造的艺术，是民间舞蹈、民间美术、民间工艺、民间戏剧、民间曲艺等的统称。因为创作者是普通的劳动大众，一般没有经过专门训练，常配合民间喜庆节目活动从事创作和表演。作品大都从实际生活出发，具有浓厚的乡土气息，表现广大劳动群众对生活的理解、愿望和审美情趣。[①] 由于不同地区的生活方式及风俗习惯不同，不同地区的农村在手工艺、戏剧等方面各具特色。比如，安徽的黄梅戏，河南的豫剧，四川、北京、陕西等地的戏曲源远流长且各具特色，还有其他有名的民间艺术，如贴花灯、刺绣、塑作艺术、雕刻艺术、皮影、彩画等手工艺。这些丰富的民间艺术是乡土文化中的瑰宝，内容和形式丰富多彩，充分体现了广大劳动者的审美观念和精神品质，因而具有教育、娱乐、审美等多种功能。民间艺术能促进幼儿感知能力、理解力的发展，并丰富幼儿的审美体验。因此，在学前教育中开发和利用乡土文化中的民间艺术资源对于提高农村学前教育质量具有重要作用。既可以把这些民间艺术拿到幼儿课

① 杨亮才．中国民间文艺辞典 [M]．兰州：甘肃人民出版社，1989.

堂，丰富幼儿的学习活动，也可以把幼儿带出课堂，丰富幼儿的生活体验。

（三）丰富的乡规民约

乡规民约是农村乡间村民制定的行为规则。《宋史·吕大防传》记载："吕氏尝为乡约曰：凡同约者，德业相劝，过失相规，礼俗相交，患难相恤。"乡规民约采取入约自愿原则，它实际上是一种自发的地域性道德公约、互助公约。封建社会的乡规民约包含不少优秀的道德传统，是农村公共生活的经验总结，在历史上发挥着教化村民、化解乡村矛盾、安定社会、管理乡村公共事务和弥补国家法不足的作用。但封建统治者往往利用它来维护封建宗法制度和封建伦理道德，巩固其统治。社会主义的乡规民约，是社会主义农村中家庭关系、地区关系和社会公共生活等关系的综合反映，体现了社会主义的乡间文明、公共生活纪律和道德行为规范。[①] 乡规民约的形成、发展及演变遵循着一条共同的原则，那就是每一款规约的制定都来自于实际具体的事件，都是从对具体事件的处理中总结出来的，而且是在当地群众的共同参与下决定的，它代表着一种共同的意识和情感，并与当地的风俗习惯、信仰相融合。因此，这种从实践中来并具有广泛民众基础的乡规民约，是深得民心的。遵守乡规民约已成为村民的一种自觉自律的行为。

传统乡规民约具有强烈的地域性。这种地域性既表现在乡规民约分布的地区性选择上，也体现在效力的地域性限制上。从已经搜集到的传统乡规民约空间分布来看，它主要分布在传统文化积淀较为深厚的地区或各种危机较为深重的地方，这里的危机既包括因为盗、匪、兵等盛行所导致的伦理退化、社会不稳等社会危机，也包括因为自然条件恶劣所导致的生存危机，如陕西关中、河南豫中、安徽徽州等理学积淀较为深厚的地区；广东、福建、新疆等沿海或边疆地区；山西

① 金炳华. 哲学大辞典（下）[M]. 上海：上海辞书出版社，2003：1640.

南部、甘肃、宁夏等自然条件恶劣的地方。[①] 历代乡规民约都立足于社会教化，规范民众行为，扬善纠恶，彰显道德。当然，传统的乡规民约已渐渐与时代脱节，但其中仍不乏可以继承和发扬的精华，并且随着社会主义精神文明建设的不断推进，传统的乡规民俗将吸收当代进步思想及法治观念，与时俱进，转换成当代社会主义新型乡规民约。

乡规民约主要体现了三种农村信仰观念：儒家伦理道德观念、宗族观念、神灵观念。其中，儒家伦理道德观念和宗族观念是汉族乡规民约中的核心观念，在汉族乡村地区，尽管国家法的作用要大得多，但村民日常生活和交往的准则，仍主要由乡规民约来调整。汉族乡规民约是一个极不统一的概念范畴。作为世界第一大民族，也作为分布于世界各地的一个民族，汉族乡规民约在各地具有截然不同的内容和样式。这就是所谓的“十里不同俗，百里不同风”。少数民族的乡规民约主要体现出神灵观念，尤其是处理人和大自然关系的乡规民约。很多少数民族崇尚万物有灵，所以少数民族订立的乡规民约也体现着这种观念，这种神灵观念促使人们对自然采取一种敬畏和爱护的态度，从而达到保护环境，人与自然和谐相处的效果。例如少数民族中的云南纳西族，纳西族长期生活在山区和半山区，他们的主要资源基本从森林中获得，所以逐渐形成了对待森林资源的乡规民约，民间很多保护森林和水资源的传统习俗、乡规民约最初都源于祭祀大自然神的信仰和仪式行为。[②]

由此可以看出，乡规民约在农村村民治理、自我教育及子女教育中扮演着极其重要的角色，不仅体现在处理人与人之间的关系上，而且体现在处理人与自然之间的关系上。好的乡规民约能够在潜移默化中规范和影响村民、家长、教师的一言一行，并进一步影响农村幼儿的身心发展，同时为幼儿提供良好的社会环境。

① 黄霞. 浅析中国传统乡规民约的历史作用和当代价值转换 [J]. 长沙民政职业技术学院学报，2009（3）：41-43.

② 方英. 乡规民约与乡村社会的和谐发展 [J]. 新余高专学报，2006（2）：46-48.

第二节　农村环境的劣势

长期以来，我国城乡经济社会发展很不平衡。[①] 尤其是改革开放之后，城乡之间的差距越来越大。一方面，受惠于城乡二元经济结构和国家政策的倾斜；另一方面，得益于城市原有的工业基础和经济社会环境，城市的社会生产力得到了极大的解放，这在客观上形成了城乡经济社会发展的“马太效应”，即城市发展得越来越好，农村发展却越来越滞后。

农村地区这种“先天不足，后天少补”的困境使得农村的经济社会环境愈发处于劣势地位。农村的劣势地位主要表现在两个方面：经济条件差和社会文化资源欠发达。经济条件差是农村学前教育发展缓慢的重要影响因素，社会文化资源欠发达无疑又是影响农村学前教育发展的另一个短板。

一、农村经济条件差

（一）硬件“不硬”

考虑到当前我国仍处于发展中国家的现实国情，以及便利的交通条件对沟通城乡之间的联系和促进农村地区经济发展的巨大作用，这里着重探讨农村的公共交通设施问题。世界银行 1994 年世界发展报告指出，基础设施作为区域社会经济持续健康发展的基础和保障，为城乡一体化发展提供了一个不可或缺的硬环境，是城乡各种网络要素流的依托和保障。[②] 而作为基础设施中重要组成部分的交通设施，其发展数量和质量对于农村经济的持续健康发展显得尤为重要。俗话说，“要想富，先修路”，交通基础设施的建设与农村经济社会的发展息息相关。[③] 总体来

① 曹志勇．新农村基础设施 [M]．北京：中国社会出版社，2006：110.
② 冯肃伟，戴星翼．新农村环境建设 [M]．上海：上海人民出版社，2007：144.
③ 左停，唐丽霞．变迁与发展：中国农村三十年 [M]．北京：中国农业出版社，2009：282.

看，我国农村交通设施建设主要面临以下几个问题：

一是财政投入明显不足。中国交通统计信息网的相关数据指出，整个“十一五”期间，国家用于公路建设投资的费用为 40 752.63 亿元，而用于农村公路的投资费用为 9 540.58 亿元，约占总投资的 23.41%。这一数据表明国家对农村地区公路建设的财政投入明显不足。众所周知，我国农村地区地大物博，自然资源十分丰富，并且有着十分有价值的传统文化资源，而因财政投入的不足所带来的公路建设问题会极大地限制农村地区与外界的交流，使农村地区的资源优势无法最大限度地转化成经济优势，这是农村地区经济发展的“硬伤”。同时，这也会间接地制约农村教育事业的发展，不利于农村教育事业的现代化。交通不便，在一定程度上隔离了农村与外界环境，势必会阻碍当地的经济社会发展。经济发展不起来，教育的发展也就成为了“无源之水、无本之木”。

二是农村公路质量较差。所谓“公路通，百业兴”，作为我国交通运输的主要方式之一，公路运输能够有力地拉动地区经济社会的发展，提升当地群众的生活水平和生活质量，这一点在农村地区表现得尤为明显。虽然我国基本上实现了村村通公路的壮举，但伴之而来的却是公路的质量问题，主要表现在公路的硬质地面薄、路面较窄等。部分地区的公路建成才两三年就已经老化、破烂、坑坑洼洼，不利于车辆的正常通行和运输。更为严重的是，低质量的农村公路存在的安全隐患较多，极易发生交通事故。另外，相对于城市公路上的众多信号灯、警示牌等交通设施而言，农村地区，尤其是偏远的农村地区，这些设备几乎都不存在。而且，部分地区公路受自然因素的影响，天然地存在着交通隐患。如某段公路拐弯处的大树树枝可能会阻挡驾驶员的视线，路边一些大小不等的石块也会影响车辆的正常通行，间接影响人的生命安全。不少农村幼儿每天要乘坐校车入园，故公路存在的这些质量问题势必会影响幼儿的生命安全，一旦不幸发生，其后果将是惨烈的，对于幼儿、家庭，甚至地区的教育事业皆是如此。尤其是近两年频发的校车安全事故，频频敲起安全的警钟，必须引起我们的高度重视。

（二）软件“更软”

人才问题是关系到我国经济社会健康持续发展的关键问题，人才资源是社会主义现代化建设的第一资源。对于农村地区来说，更是如此。然而，囿于农村地区落后的社会经济状况，农村地区正面临着两大困境：一是农村地区内部优秀人才和劳动力的流失；二是优秀人才的外部引进困难。

1. 农村地区内部优秀人才和劳动力的流失

城乡二元经济结构，以及改革开放政策的倾斜，使城市工业化进程显著加快，经济社会快速发展，较多的工作机会、较高的收入和便利的基础设施使得农村优秀人才以及大量劳动力流入城市，造成农村进入“空巢化”的境地。2013 年中国国家统计局对全国农民工进行了抽样调查，其结果显示 2013 年全国农民工总量为 26 894 万人，比上年增加 633 万人，增长 2.4%。其中，外出农民工 16 610 万人，增加 274 万人，增长 1.7%；本地农民工 10 284 万人，增加 359 万人，增加 3.6%。[①] 而 2013 年的人口统计数据显示，农村总人口为 62 961 万人，这表明我国约有 42.72%的农村人口在外务工，且这些在外务工的人员多半为青壮年劳动力，受教育程度相对较高。这些内部人才的流失所带来的直接影响是农村在居人口整体素质水平的降低，更重要的一点是，农村劳动力和优秀人才的流失往往伴随着一系列的农村人口问题，譬如留守儿童问题、空巢老人问题等。这些老人接受过初等教育的都比较少，更别说受过高等教育了，他们的教育观念和教育方式较为落后，往往认为孩子吃饱穿暖就行了，幼儿在这些“爷爷奶奶辈”、“外公外婆辈”等的抚养下，很难接受到优质的早期教育。另外，隔代教育往往会造成一系列不良问题。这些问题包括行为问题、情感问题、心理问题、认知问题等。这不仅会影响幼儿现在的发展，甚至对幼儿未来的发展都会造成不良的影响。幼儿是花朵，幼儿是未来。幼儿这个“基”垮了，构筑农村经济社

① 数据来源：中华人民共和国国家统计局网站．http://www.stats.gov.cn

会发展的长廊也就无异于“纸上谈兵了”。

2. 优秀人才的外部引进困难

农村经济条件差，整体发展水平落后于城市，这是大家有目共睹的，也已经成为不争的社会共识。不可否认的是，农村地区落后的经济、不发达的交通、不完善的生产生活配套设施、单调的文化生活等对于优秀外部人才来说，显然缺乏足够的吸引力。人才是一个社会最重要的资源，这一资源的短缺，对于原本就落后的农村地区无异于“雪上加霜”。就教育方面而言，教师的质量往往决定着教育的质量和所培养学生的质量。幼儿认知、道德、审美等的未成熟性和发展性、幼儿情绪的极大变化性、幼儿心理发展的复杂性、幼儿脑发育的敏感期等，意味着引进高水平的幼儿园教师尤为必要。优秀幼儿园教师的引进能提高幼儿的学习、生活质量，进而为幼儿未来一生的发展打下一个坚实的基础。但现实情况却是苍白无力的。就拿广东省农村幼儿园教师的工资来说，月平均工资为 1 874 元，一类地区（中山、佛山）月平均工资为 2 775 元，二类地区（肇庆、茂名、清远）月平均工资 1 219 元，三类地区（云浮、韶关、梅州）月平均工资为 1 627 元。从访谈得知，有的地方实际工资更低，只有区区的 850 元。而引进优秀教师最重要的因素还是薪酬的吸引力，较低的薪酬，已经成为影响广东省农村优秀教师引进的关键所在，这也是为什么广东省农村幼儿园教师中第一学历在高中阶段以下的（包括高中阶段）占到 67.2%，学历水平严重偏低。

二、农村社会文化资源欠发达

（一）文化生活不丰富

根据文化活动参与场域和参与群体的不同，将文化资源划分为“公共文化活动”和“私性文化活动”。前者一般是指超出家庭以上的单位（如村庄、社区、政府或民间组织）组织的具有公共性的文化活动，如庙会、歌舞会、民俗表演等活动；后者主要是指以个人或家庭私性活动场域为单位而进行的文化活动，目的是为了满足个人的文化需求，不能给其他更多的人提供文化享受的活动，如看电视、上网等。[①] 其中，农村文化生活的不丰富性主要表现在农民的公共文化活动的欠缺和私性文化活动内容的单一。

1．公共文化活动欠缺

农村公共文化事业滞后、公共文化设施欠缺是当前一个不容置疑的事实。[②] 可以说，农村地区农民公共文化活动的欠缺与当地公共文化设施的稀缺密不可分，这些公共文化设施主要包括乡村图书馆、文化站、乡村书屋、文化广场等。有关数据表明，全国32.9%的农民所在村拥有文化活动室或图书馆，仅有8.4%的农民所在村拥有个体经营的文化室或图书馆。[③] 尽管近年来国家在财政投入上给予农村地区一定的政策倾斜，但是这些投入对因长期积累而产生的落后窘况不过是“杯水车薪”。诚如李哲所言“各个乡镇文化中心简陋，均没有独立的文化站舍，大部分镇文化站配置是‘几本书，外加一块牌子一间房、一枚章子一张床’，村文化室则挂牌而已，有名无实”。[④]

公共文化活动的欠缺不仅表现在公共文化设施的不健全上，还表现在有关部门举办公共文化活动的数量上。2013年第十一次全国国民阅读调查结果显示，在一项针对18～70周岁居民的调查中，有73.2%的农村居民认为有关部门应该举办读书活动或者读书节。这反映出随着经济社会的发展，农民的物质生活水平得到明显提高的同时，对精神生活的要求也渐渐高了起来。然而，农村当地的文化供应并没有与这一需求相适应。这也从侧面反映出当前我国社会主义初级阶段的基本矛盾，即人民日益增长的物质文化需求同落后的社会生产之间的矛盾。而公共文

① 吴理财，夏国峰．农民的文化生活：兴衰与重建：以安徽省为例[J]．中国农村观察，2007（2）：62-69.

② 何兰萍．公共文化生活空间与农村文化建设[J]．江西师范大学学报（哲学社会科学版），2011（2）：8-13.

③ 何秀芳．当代农村文化生活状况的调查[J]．内蒙古经济与科技，2011（18）：27-28.

④ 李哲．农村文化大繁荣存在的问题与对策[J]．黑河学刊，2013（12）：52-66.

化设施的欠缺和公共文化活动的不足必然会影响农村文化事业的发展，影响农民的文化涵养和素质的提高。

2．私性文化活动内容单一

有学者对发达农村地区农民打发闲暇时间的方式做过一次调查，其结果表明，63.1%的农民选择看电视，其次分别是选择看书看报的有43.8%，聊天串门的则有31%，而选择健身的仅为3.4%。① 通过对结果的分析，我们可以清楚地看到农民的私性文化活动以室内为主，内容较为单一，且时代性不强，有与现代信息化社会脱节的迹象。需要注意的是，发达农村地区农民的私性文化活动尚且如此，偏远农村地区农民的文化生活的严重单一更是可想而知了。近年来，我国农村地区打牌、打麻将等赌博现象甚为严重，从侧面反映了农民精神文化生活的欠缺。正因为如此，一些负能量的民间宗教信仰或邪教也在农村地区蔓延开来，且传播速度十分迅速。固然，诸如此类的邪教组织在农村地区的升温和传播与农民群众整体的文化水平较低密切相关。但从另一方面来看，这与农民比较单一的私性文化活动也是紧密联系在一起的。例如，在城市中有广场，人们可以跳广场舞；有公园，儿童可以自由嬉戏；有关部门也会举办一些读书会、阅读月等活动来丰富市民的精神文化生活。可是，在农村地区，这些条件几乎是没有的。总之，这一切都说明农民群众精神文化需求尚未得到充分的满足。

（二）医疗卫生条件差

农村医疗卫生事业是我国医疗卫生事业的重要组成部分，其健康发展是社会主义新农村的重要内容。② 作为社会文化资源重要组成部分的医疗卫生事业，与人们的生老病死、家庭生活状况等息息相关。良好的医疗卫生条件能够为人们的生命和健康提供有效的保障，是人们积极参与经济社会建设的前提条件。从我国农村医疗卫生事业的整体状况来

① 肖剑忠．农村文化建设调查与思考 [M]．南昌：江西人民出版社，2008：190.

② 王喜娈．农村医疗事业状况的调查和分析：以祁州市为例 [J]．中国机构改革与管理，2014（Z1）：66-68.

看，农村医疗卫生条件之差主要体现在硬件和软件两个方面。硬件差包括医疗卫生机构数量少、医疗设备差；软件差包括高素质医疗卫生人员的缺乏以及公共卫生习惯差等。

1．医疗卫生机构数量少，医疗设备差

农村地区经济社会发展水平普遍不是很高，地方财政收入不充裕，加之国家对地方卫生事业的投入不足等，客观上导致了地区医疗设施、设备水平的低下。有数据表明，2013 年我国乡镇卫生院的数量为 36 978 个，病床数量为 1 130 000 张。[①] 显然，这一数量远远不能满足数亿农民的需求。尤其是在偏远山区，医疗卫生机构数量更是少得可怜，大人和小孩去医院看病都是一个大难题，就更甭提奇缺的医疗设备了。有调查显示，农民大病就诊医院主要是二级医院，占 58.27%，而作为医疗服务网络枢纽的一级乡镇卫生院却只有 12.49%，省 / 市、区、镇三级医疗机构就诊人数的比例为 10:27:6。[②] 这说明，原本应该为农村幼儿的生命健康提供有效保障的乡镇医院迫于自身实力不够、医疗设施设备条件差的现实因素而未能承担其应有的责任，迫使患者不得不选择实力较强、硬件条件相对较好的区级以上医疗机构就诊。但是，当农村幼儿遇到突发性疾病或重症时，选择这些距离相对较远的区级以上的医疗机构就诊可能会耽误有效救助时间。

2．高素质医疗卫生人员缺乏

医疗卫生人员的素质是影响医疗卫生事业健康长效发展的关键，能够在很大程度上直接决定医疗卫生水平的高低。然而农村地区的医疗卫生人员普遍年龄偏大，虽从事医疗工作年限较长，但学历偏低，大部分未获得职称，[③] 即缺乏高素质的、年轻的医疗卫生人员。根据 2005 年卫生技术人员年龄及学历调查结果，乡镇卫生院卫生技术人员中，有

① 数据来源：中华人民共和国国家统计局网站．http://www.stats.gov.cn

② 王红漫．大国卫生之论农村卫生枢纽与农民的选择 [M]．北京：北京大学出版社，2006：49.

③ 张自珍．衡阳市农村卫生室现状调查及村医队伍建设的对策研究 [D]．北京：中国林业科学院，2014.

20.3％的人为大专学历，59％的人为中专学历，18.5％的人为高中及以下学历，而硕士和博士学历的比例却为 0（由于资料的可得性，仅选择了较近的年份）。[①] 这表明了农村地区高素质医疗卫生人员缺乏的不争事实。这些相对较低素质的医疗卫生人员的医疗卫生观念整体落后，医疗卫生水平低下，对传统疾病的诊治往往还是沿用老方法，甚至掺杂一些宗教迷信思想。其中的某些方法在现今的医疗卫生观看来未必正确，甚至是有害的，这会对正处于人生基础阶段的幼儿的身心健康发展造成难以消除的影响。例如，针对年幼儿童的“鸡胸”症状，民间有用烛火烧肋骨串珠的做法，且这种做法在落后的农村地区分布范围很广。可以说，这是十分不科学的、非常残忍的做法。此外，据了解，用这种方法治疗“鸡胸”往往持续时间较长，会对幼儿的身心发展带来一些不必要的负面影响。

3．公共卫生习惯差

造成村民公共卫生习惯较差的原因主要有两个：一方面，由于历史、自然环境、地理位置等因素，农村地区似乎可以作为天然的“垃圾场”，居民的生产生活垃圾都是随便找一个地方放置，千百年来一直如此，这种认识已经深深地“固化”在村民的潜意识中。另一方面，农村人口受教育程度普遍较低，整体素质不高，环保意识不强。农村地区随地扔垃圾、吐痰等现象，即使到现在，仍然不少见。根据社会学习理论，人主要是通过观察和模仿榜样行为而学习的。幼儿的模仿能力极强，这种环境的耳濡目染，对于各种习惯、人格正处于发展、有待养成的幼儿是极为不利的。

此外，虽然环境自身对垃圾有着一定的“吸收”能力，但当垃圾量超过环境的承载能力时，环境自组织能力即使再强，也是“心有余而力不足”了。特别是那些具有现代科学技术含量的垃圾，不但无法被“消化”，而且危害严重。有关资料显示，一节 5 号电池废弃在土地里，能

① 《中国医院年鉴》编辑委员会．2008 中国医院年鉴 [M]．北京：中国协和医科大学出版社，2009：592．

使一平方米的土地永久失去利用价值；一粒纽扣电池，能使600立方米水受到污染，而这相当于一个人一生的用水量。另外，半数以上的电子材料对人体有害，有一些甚至是剧毒的。例如，一台电脑大约有700多个元件，多数元件含有汞、砷、铬等各种有毒化学物质；电视机、电冰箱、手机等电子产品也都含有铅、铬、汞等重金属。电子废弃物被填埋或者焚烧时，其中的重金属渗入土壤，进入河流和地下水，将会造成当地土壤和地下水的污染；焚烧进入空气后，会释放出大量的有害气体，如剧毒的二恶英。这些直接或间接的危害物，对于学前阶段的儿童来说，尤其是对大脑等的影响，可能伴随一生。

总之，相对于城市来说，农村的“经济条件差”和“社会文化资源欠发达”显得尤为突出。一方面，经济发展是社会各项事业发展的前提条件和基础。经济发展不起来，文化教育事业的发展也会受到限制；另一方面，文化教育事业的发达也能够为经济发展提供更为强大的生命力，提供有力的支持。毕竟文化教育培养的是人，而人是农村经济发展最为核心的力量。总而言之，经济发展与文化教育事业发展的关系密不可分，相互促进。假若农村这一问题解决不好，那么农村学前教育事业的发展、农村学前教育质量的提高，必将举步维艰。

第三章　农村幼儿园环境创设存在的问题

场景一：一个幼儿园班级和户外活动场地的真实写照：一台电视机，一块黑板，放着教师教案和学生用书的书架，“比一比，谁的星星多”的后墙，涂成蓝色的木板矮墙，1—10 的数字符号，“喝水啦”的人物形象，窗户上的几颗星星。

场景二：画着各种各样动物的墙面，一个滑梯，一个蹦蹦床，一个玩沙池，4 个摇摇玩具，一个舞台，几棵树，一座房子，一片水泥空地。

以上两个场景是在农村幼儿园经常会遇到的。这样的场景背后隐含着的意义和价值是值得我们探讨的问题。例如：这样的环境对幼儿来说有着何种意义？在这样的环境中，教师、幼儿和家长都扮演着什么样的角色？他们又是怎么样看待这样的环境的？

《幼儿园教育指导纲要（试行）》中明确指出：“环境是重要的教育资源，应通过环境的创设和利用，有效地促进幼儿的发展。”幼儿园应该为幼儿提供适合幼儿发展的环境，但是什么样的环境是适合幼儿的，现有的环境中又存在什么样的问题，我们应该怎么样改善这些问题，这些是值得我们深思的。

第一节　幼儿园环境的概念与类型

《幼儿园工作规程》指出，幼儿园要创设与教育相适应的良好环境，为幼儿提供活动和表现能力的机会与条件。

一、什么是幼儿园环境

幼儿园是幼儿活动的最主要的场所，幼儿的成长也是幼儿与环境相互作用的结果。由于幼儿园环境本身是一个内涵丰富的概念，迄今为止，在学术界关于幼儿园环境的概念还没有明确的定论。陈鹤琴曾提出："幼儿园环境是儿童所接触的，能给他以刺激的一切物质。"夏宇虹认为，幼儿园环境是指幼儿园内幼儿身心发展所必须具备的一切物质条件和精神条件的综合。幼儿园环境包括有形可视的生活环境和无形可感的人文环境。[①] 根据终身教育的理念，幼儿园环境有广义和狭义之分。广义的幼儿园环境是指幼儿园教育赖以进行的一切条件的总和。狭义的幼儿园环境是在幼儿园中对幼儿身心发展产生影响的一切物质与精神要素的综合。[②] 本书中所涉及的幼儿园环境指的是狭义的环境，包括物质环境和精神环境。

二、幼儿园环境的分类

为了能够更加全面和细致地了解和认识幼儿园环境，我们对幼儿园环境进行以下分类：

（一）按照空间性质，可分为室内环境和室外环境

室内环境主要包括区角、活动区、室内三维墙面等。室外环境主要包括门厅、走廊、大厅、户外游戏场地等。

（二）按照环境构成内容的特质性差异，可分为物质环境和精神环境

物质环境是指幼儿园内对幼儿发展有影响作用的各种物质要素的总和，包括园舍建筑、园内装饰、活动场地、空间布置、物理空间的设计与利用、各种材料的选择与搭配等。精神环境是指幼儿园内对幼儿发展产生影响的一切精神因素的总和。幼儿园精神环境主要指幼儿园的氛围和人际关系，主要包括保教人员与幼儿之间的师幼关系、幼儿之间的同

① 夏宇虹．幼儿与幼儿园环境对话 [M]．北京：中国轻工业出版社，2012：3.
② 袁爱玲．幼儿园教育环境创设 [M]．北京：高等教育出版社，2010：4.

伴关系以及园风园貌等。

（三）按照课程的结构及特征，可分为物质空间环境、组织和制度环境和文化心理环境[①]

物质空间环境主要是园所建筑、活动室的设置、声音与色彩等环境。组织和制度环境主要包括教育内容与活动安排、教育评价与方式、教育管理思想与方式。文化心理环境主要隐含于正规课程、教育语言、教师的期望和态度、行为的心理环境以及师生关系之中。

（四）按照环境的固有属性，可分为硬环境和软环境

硬环境是指幼儿园环境设置中的空间、材料、设施等物质环境。软环境是指保证硬环境运行的制度、理念等因素。[②]

第二节　农村幼儿园环境创设观念形态上的问题

“墙上的画是谁设计制作的啊？”

“都是我们老师制作的。”

“为什么墙上贴这些内容呢？”

“感觉好看就剪下来贴上去了，没有考虑那么多。”

这是笔者与农村幼儿园教师的一段对话。这种环境观念在农村幼儿园教师中普遍存在。但是对于充满好奇心和探索欲的幼儿来说，单调的环境容易引发视觉疲劳，很难吸引他们的注意力，难以激发他们的好奇心，甚至会让幼儿产生厌恶的心理。

“观念”一词在哲学中有广义和狭义之分。广义的观念与意识、精神同义，指高度组织起来的特殊物质，即人脑的机能和属性，是人所特有的对于客观世界的主观映象。狭义的观念与思想同义，是认识的理性阶段和成果。[③] 观念形态是人系统地、自觉地、直接地反映全部客观世

① 陈帼眉，刘焱．学前教育新论 [M]．北京：北京师范大学出版社，2000：142-150.

② 朱海婧．美国幼儿园环境设置研究 [D]．北京：中央民族大学，2010：3.

③ 郑苏淮．论观念的形态特征 [J]．江西科技师范学院学报，2005（12）：91.

界的观念体系的具体存在的形态和神态。本书的环境创设观念形态问题指的是教师系统地、自觉地、直接地反映环境的观念，也就是指对环境的目标、环境的功能、环境的内容和环境的主体等的观念体系。在这样看似司空见惯的观念背后，我们需要重点考虑的是：教师对环境持有什么样的观念？教师为什么会存在这样的观念？

一、农村幼儿园教师的环境观：任务和义务

在农村幼儿园教师的眼中，环境创设是一项基本的任务，也是自己的“义务”。农村幼儿园教师普遍存在以下环境观：

（一）“应付检查”的环境观

对幼儿园环境的评价和监督是为了促进幼儿园环境创设的有效开展。但是对于农村幼儿园教师来说，环境的检查和评价是衡量自己工作成绩的重要指标。因为对环境的评价往往主要从物质环境的角度来考虑，所以教师只注重物质环境的设计。对环境进行评价的时候往往会从材料投放的情况、环境的美观度、废旧材料的利用情况等静态的方面来考虑，所以教师认为他们可以只从静态角度来设计环境。农村幼儿园教师和园长普遍认为设计环境就是为了应付上面的检查，为了自己的幼儿园能够评上级别。这样的观念完全把幼儿、家长甚至是教师排除在环境之外，这样的做法只能造成幼儿园环境的功利化，同时使环境失去其本身的价值。

（二）“设计好”的环境观

瑞吉欧教育工作者认为：“环境生成课程，课程主题来源于幼儿与环境的互动作用。”生成课程是在师幼互动过程中，通过教育者对幼儿的需要和感兴趣的事物做出价值判断，并不断调整活动，以促进幼儿更加有效的学习的课程发展过程。① 但是对于农村幼儿园教师来说，环境是事先设计好的，是为了更好地迎接幼儿而必须做好的准备。教师往往

① 谢春姣．个人和知识：一项关于幼儿园班级墙面环境的研究 [D]．长沙：湖南师范大学，2008：24.

在开学前一周的时候就会到幼儿园把环境按照自己的思路和计划设计好，让幼儿园以“最好的”姿态来迎接幼儿。对于教师来说，这是自己的任务，教师把环境独立于课堂之外，更没有考虑到幼儿的实际情况。

（三）“约定俗成”的环境观

“一个幼儿园肯定是要有好点的环境的，这是必需的。”这是笔者问起农村幼儿园为什么要进行环境创设的时候，一位教师的回答。从这样的回答中，我们可以看出，农村幼儿园教师在如何看待环境的问题上已经有很大的改变，也逐渐意识到环境对于幼儿园和幼儿的重要作用，但是教师只是把环境当成一种“约定俗成”的东西，只知道“是这样”和“要这样”：但是没有深究“为什么”要这样：环境对幼儿到底有什么样的作用？教师因为没有考虑到这方面的因素，所以就造成了对幼儿园环境的误解。

二、农村幼儿园环境功能指向存在偏差

根据环境的不同特点与功能，我们可以将班级的环境大体分为六类：与教育活动相呼应的环境、常规性环境、与区域活动相适宜的环境、功能区的环境、过渡区的环境和一般的装饰性环境。[①] 由于受传统观念和教师对环境的理解的片面性的影响，教师对环境的教育功能的理解不够全面。有的教师对环境对幼儿的教育作用及其教育价值有所了解，知道环境作为教育资源的重要作用。但是在实际的操作过程中，教师还是从材料的本身来考虑，主要突出的还是环境的装饰的作用，把环境的教育功能放在次要的位置。在环境设计的过程中，环境是否为幼儿喜欢，是否具有教育意义，是否有时效性，材料投放是否足量，摆放是否合理，等等，都未被教师充分重视。教师制作的环境由于远离了幼儿的生活，幼儿不愿意在里面活动，对环境也是“置之不理”，教师辛苦设计的环境在幼儿眼里“一文不值”，环境的教育价值就不能得到充分

① 刘占兰，等. 中国幼儿园教育质量评价：十一省市幼儿园教育质量调查 [M]. 北京：教育科学出版社，2011：86.

的发挥，对幼儿的发展也没有好处。

三、农村幼儿园环境内容存在偏差

（一）“走偏了”的认知指向环境

认知指向的幼儿园墙面环境，是指根据幼儿学习的兴趣点或者学习内容，有意识地将学习内容或学习成果展示在环境中。[①] 幼儿园环境需要与幼儿感兴趣的经验相联系，并与教学相融合，环境应是幼儿与学习内容之间互动交流的平台。但是在农村幼儿园中，以认知为指向的环境走入了误区。教师把环境当成是一个放大的“黑板”。教师可以在“黑板”上自由地发挥，如把“字宝宝乐园”的栏目和1—100的数字，贴上汉语拼音的图片等布置在环境中。但是教师认为的“乐园”其实就是单调地展示汉字，1—100的数字也是依靠幼儿的机械记忆来认识和读。这无疑与外塑型的课程知识观紧密相关，以外部输入的方式，将贴在墙上的“知识”“准确”地传授给幼儿，幼儿只是被动地接受来自外部的信息刺激。有的教师只把环境当成课业的延续，这样的环境不利于幼儿身心发展。

（二）“脱离”的支持性环境

新课程改革下的支持性环境应该是多维度的，既包括物理环境也包括心理环境，既包括显性的环境也包括隐性的环境。显性的物理环境不仅限于装饰性而应富有挑战性，不应是固定的而应富有弹性，不仅局限于园内而应拓展到家庭环境、社区环境、社会环境乃至网络环境。隐性的心理环境则是指在活动中支持孩子发展的平等的、互动的、和谐的同伴关系、师幼关系等。[②] 然而在环境开展的过程中，教师往往只追求“多”和“新”，只鼓励幼儿玩，而忽视了环境本身的支持性的作用，主要存在以下误区：

① 管倚．幼儿园墙面环境创设及其教育功能的研究 [D]．上海：华东师范大学，2005：19.

② 梁向红．幼儿园科学活动中支持性环境创设的策略研究 [J]．福建论坛（社科教育版），2011（3）：69.

1．“一次成型”的环境观

芬兰教育家苏塔玛曾说过：缺乏刺激性、新异性的环境会剥夺幼儿感官的辨别力，削弱思维的积极性。环境是一个动态的过程，它应随着教育目标的改变和幼儿的兴趣需求而不断地调整和完善。[①] 对于大部分农村幼儿园教师来说，环境是“一次成型”，对幼儿园的环境抱有一成不变、一劳永逸的心态。当问及多久才会更换环境设计时，有的教师回答“不坏就不换”。更换率低的环境很难吸引幼儿的注意力，激发幼儿的好奇心。环境的“一成不变”容易让幼儿变得“麻木”和“视而不见”。

当问及教师环境“一次成型”的原因时，教师主要考虑的是以下几个方面：教师的精力和时间是有限的，每一次环境的设计都要花费大量的时间，有时甚至是教师休息的时间；环境设计不是教师一个人能够完成的事情，需要很多人的配合，但是教师又害怕家长和幼儿不配合自己的工作；环境主要是为了做装饰用的，只要有就可以了，没有必要再去设计了；最主要的问题就是经费的问题，环境材料需要花费很多的经费，但是教师可使用的经费是有限的，所以教师会选择节约经费的方式。

2．“静止”的环境观

刘占兰认为，幼儿园应创设一种互动式环境，幼儿园的互动式环境具有五个基本特征：教育价值与审美价值并存；成为幼儿学习过程和结果的记录；环境的内容和表征形式有助于提升和促进幼儿关键经验的获得；成为幼儿之间、师幼之间交流和沟通的纽带，幼儿表达与经验分享的平台；环境内容与作品走向有价值的收藏。[②] 按幼儿与环境的肢体互动程度来分，班级环境可分为观赏性环境和操作性环境两种。观赏性环境仅仅作为一种静态的展示，只需幼儿用眼睛“看”。当环境设计完成之后，需要幼儿动手时，无论是直接的操作，还是作为一种观察日记，

① 朱慧红．幼儿园环境创设中存在的问题及对策 [J]．基础教育，2012：9．

② 刘占兰，廖贻．聚焦幼儿园教育教学：反思与评价 [M]．北京：北京师范大学出版社，2007．

这时它与幼儿的肢体动作相联系，属于操作性环境。[①] 在幼儿园中环境的内容与幼儿的生活水平相近，就能够引导幼儿与环境进行互动。但是农村幼儿园教师通常认为环境只是静止的一幅画，或者是一件作品。在对农村幼儿园的观察中可以发现，环境主要以教师的作品为主，教师把自己认为“好看的”或者“漂亮的”作品作为环境的内容，所以最后呈现出来的，就是照片的展示、挂图和手工制作的图片。环境的展示形式基本上都是横向展示，是静止的。对于幼儿来说“司空见惯”的环境，让他们慢慢失去了兴趣，幼儿就会从开始的语言交流或者是模仿、操作到最后的没有任何的反应。农村幼儿园的环境主要是以说教为主，即“制度化知识”，而不是让幼儿实际操作的。在观察中，我们经常会看到墙面上会贴有很多“说教性”的东西，通过这样的环境，教师希望能刺激幼儿，促进他们行为的转变或者是社会性的发展。

3.“隐去”的安全环境观

支持性环境的一个重要的要素是要有可预见性，能够预见到幼儿学习过程中可能产生的种种问题，包括人身安全、学习障碍等。[②] 幼儿对世界充满好奇心，喜欢动手操作和探究，但是幼儿又缺乏安全意识，自我保护能力也比较差，这就要求教师在环境设计的时候考虑到环境对幼儿安全的影响。但是对于农村幼儿园教师来说，这个方面几乎是“空白”，农村幼儿园教师的关注点还没有从环境的装饰功能转向环境的可预见性。有的农村幼儿园为了实现自己的教学目标，在幼儿园设置了美工区、阅读区、表演区等，但是在活动区材料投放的过程中，有的教师没有考虑到材料的安全性，比如美工区的小刀等。有的教师没有考虑到活动区的空间设置问题，就导致了幼儿在活动区发生碰撞。有的幼儿园的安全管理上存在问题，造成了幼儿园的有些设备已经有安全

① 周琼．省级示范性幼儿园班级墙面环境创设的特点及问题研究：以湖南省部分省级示范幼儿园为例 [D]．长沙：湖南师范大学，2012：43．

② 梁向红．幼儿园科学活动中支持性环境创设的策略研究 [J]．福建论坛（社科教育版），2011（3）：69．

隐患……这些都是农村幼儿园常见的一些问题。对于幼儿来说，安全的环境是他们需要的，也是保证他们学习的一个重要的方面。

四、农村幼儿园环境创设主体观虚弱

人的主体性是指人作为活动主体在同客体相互作用中所表现出来的功能特性，是活动主体区别于一般人，特别是区别于活动客体的特殊性，是在同客体的对比中揭示主体的规定性。[①] 在幼儿园环境中，幼儿、教师、家长和园长等都是主体，但是农村幼儿园环境忽视了幼儿和家长的主体性位置，主要表现在：离开对象性的活动（如不参与活动）、处于被控制的地位、被动消极地认识和实践、无法探索和求新等四个方面。[②]

（一）幼儿未能真正参与环境创设

幼儿是环境的主人，他们可以承担设计、发展、完善环境的责任。[③] 但是在大多数农村幼儿园环境的规划和设计的过程中，基本上都是教师根据个人经验或者是班级的主题来规划环境，从不考虑幼儿的实际情况，也不会和幼儿商讨环境的规划，幼儿被放在了“旁观者”的位置。幼儿是幼儿园空间环境的主体，如果创设的环境脱离幼儿发展需要，幼儿不愿意或是没有机会参与环境创设，那么无论教师如何精心设计，这样的空间环境都是无法发挥其教育功能的。[④] 教师对幼儿在环境创设中地位的认识主要存在以下误区：

1.“你在旁边站着就行了”——幼儿是旁观者

陈鹤琴先生指出：“通过儿童的思想和双手布置的环境，可使他对环境中的事物更加认识，也更加爱护。”在环境中应该注重幼儿的主体地位。但是有的教师认为环境设计是自己的事情，是几位教师共同商

① 张天宝．主体性教育 [M]．北京：教育科学出版社，2000：18.
② 章进．学习的回归：建构主义视域下的幼儿园活动区环境创设研究 [D]．重庆：西南大学，2012.
③ 吴绍萍．幼儿园管理与实践 [M]．南京：江苏教育出版社，2012：89.
④ 陶纪秋．幼儿园科学教育环境创设的原则与策略 [J]．学前教育研究，2010（5）：63-65.

讨的结果，跟幼儿没有关系。所以在环境的设计中我们很难找到幼儿的痕迹。

“这是上一位老师设计的，很漂亮吧。”

“这些都是我弄的，弄了好久才把它贴到墙上了。”

教师把环境设计权完全把握在自己手里，环境的内容都是自己思想的体现。当问教师幼儿是否会参与到环境设计之中时，他们会说：

“他们没有参与过，我们也没有让他们参与进来。”

“他们太小了，不行的。”

在教师的眼里，幼儿是没有能力的，也是不能理解环境的，让他们参与到自己的环境设计中来只会浪费更多的时间，或者是耽误他们下班和休息的时间，所以他们自然而然地就把幼儿排除在他们的环境设计之外了，幼儿没有机会参与到环境设计之中。

2.“这与你无关”——幼儿是无关者

《幼儿园工作规程》指出：“组织活动应根据不同的教育内容，充分利用周围环境的有利条件”，并且应“为幼儿提供充分活动的机会，注重活动的过程，促进每个幼儿在不同水平上得到发展”。每一个班级的幼儿的发展水平不同，环境应该尊重幼儿的身心发展规律，从幼儿的角度出发。但是农村幼儿园教师为了尽快完成任务或追求“精美”的环境，很大一部分教师在环境设计之前，很少会考虑到幼儿的身心发展水平、认知特点、兴趣和需要，在设计的过程中采取“自编”“自导”“自演”的方式，很少让幼儿参与环境的设计中。不同年龄的幼儿具有不同的年龄特征，即便是同一年龄阶段的幼儿，所表现出来的年龄特征也存在差异，所以教师应根据幼儿的特点来设计适合他们的环境。但是在农村幼儿园中，大多数教师只是根据自己的个体经验或者是参照好的环境来进行环境设计。在观察中我们发现，很多环境布置是超过幼儿的视线水平的，对幼儿来说它们都是高高在上的，是遥不可及的。有的教师就只是参照相关环境设计资料进行设计，不会考虑自己班级的特点和幼儿的特征，幼儿处在“边缘人”的位置。

3．“我已经把你的作品贴上去了”——幼儿是“参与者”

把幼儿作品运用到幼儿园环境创设中去，不但能从视觉上为幼儿提供更多彩的刺激，而且能从思维上提供更广阔的联想空间，从语言上提供更丰富的交流机会，从形式上提供更新颖的操作途径。① 幼儿作品应该是环境中的一部分，这样能够加强幼儿的主人翁意识，引起幼儿探索环境的兴趣，同时能够培养他们的创造性。当问及农村幼儿园教师幼儿如何参与环境设计时，教师经常提到的就是幼儿的作品。但是在观察和访谈的过程中，我们发现，有的教师虽然已经意识到幼儿作为环境主体的价值，意识到幼儿参与环境的途径和形式是多种多样的，但是对主体性的理解还存在误区。有的教师不知道应该怎么样让幼儿参与到环境之中，片面地认为幼儿的参与就是环境中有幼儿的作品。所以他们在教室和走廊的墙壁上都贴满了幼儿的绘画作品和手工制作。幼儿作品可以成为环境的一部分，但不是环境的全部。

（二）家长是“圈外人”和“配合者”

《幼儿园教育指导纲要（试行）》指出：“家庭是幼儿园重要的合作伙伴。应本着尊重、平等、合作的原则，争取家长的理解、支持和主动参与，并积极支持、帮助家长提高教育能力。”家长也是幼儿园环境的主体，实际上教师在环境的规划过程中，虽然已经意识到了家长的价值，但是他们对家长价值的理解还存在以下误区：

1．你是“圈外人”

在观察和访谈的过程中，我们发现，农村幼儿园教师认为家长对环境是一无所知的，对自己的工作也是不理解的。在很多教师的眼中，家长就是一个“圈外人”的角色。“他们都是农村人，都没什么学问的，对环境也不了解。所以你问他们有什么意见的时候，他们也说不出来什么。”

所以教师往往以自己是圈内人自居，来把控着环境创设的主动权，没有考虑到家长，更没有把家长的想法融入到环境中，把家长放在“边

① 屈金梅．浅议幼儿园环境创设中幼儿作品的应用 [J]．网友世界，2012（9）：69.

缘化”的位置。

2.“你只要配合我就行了”

对农村幼儿园教师来说，幼儿园环境创设又离不开家长，在调查和访谈的过程中，我们也看出一些农村幼儿园的环境有家长参与的痕迹，有些教师也会积极地发动家长参与到环境设计中来，但是对教师来说，家长仅仅是“配合者”，是任务的执行者。如家长的配合和任务的执行仅仅是向教师提供一些废旧材料作为玩具制作的原材料或者教师布置一些亲子任务（如手工制作、绘画等）让家长帮助孩子完成。在与教师的交流中，教师会这样说：

“让家长把不用的纸箱、塑料瓶等材料捐给学校，由老师来制作玩教具。”

“让他们提供一些农作物或者劳动工具，我们摆在这里，让孩子们来看。”

教师只是站在自己的角度来考虑，没有考虑到家长的文化程度、职业情况和家庭生活方式的差异，更没有关注家长作为一种教育资源的价值，对所有的家长都是统一的要求，造成了“一刀切”的现象。这就造成了家长与教师之间的一些矛盾，导致家长对教师的工作产生误解。教师给家长布置的这些让家长配合的小制作或者亲子作业，让有些家长很反感，抱怨说“我们也会帮助老师做一些事情，但是有时候我们都太忙了，没有时间做这些东西。”“整天让我们提供这个提供那个，到底要干什么？”

（三）视幼儿为消极的学习者

建构主义教育观认为：“教学不是把知识经验装进学生的头脑中，而是要通过激发和挑战其原有的知识经验，提供有效的引导、支持和环境，帮助学生在原有的知识经验的基础上建构起新的经验。教师要为学生身心结构的生长设计良好的活动、资源和环境，但不能代替其‘生长’，也不能无视客观规律，‘揠苗助长’‘急功近利’。”[①] 学习者个体经

① 张建伟．建构性学习：学习科学性的整合探索 [M]．上海：上海教育出版社，2005：54.

验的获得及对此类经验的意义建构正是源自与周围环境的对话：人会对环境有意义地“赋值”，即会有目的地赋予环境自身的信念和价值取向，环境又会与人的活动发生联系，人正是在与环境的互动过程中产生个体独特的经验和意义。在农村幼儿园教师的眼中，幼儿只是环境的“欣赏者”，缺少了与环境互动的过程。有的时候教师为了保证环境的整洁、干净，会要求幼儿爱护环境，珍惜别人的劳动成果，手不要乱摸乱碰，只能用眼睛看。我们在很多农村幼儿园都会观察到，环境对幼儿来说只是安静地待在自己的周围，与自己没有任何的互动和对话。有的幼儿会出现不知道或者是不理解环境内容的现象。陈旧单调的、远离儿童视线的内容无法引发幼儿的兴趣，也使幼儿丧失了欣赏美的机会，环境与幼儿之间是无效的互动关系。“束之高阁”的各种玩具材料实际上剥夺了幼儿与环境对话的权利。

第三节　农村幼儿园环境创设行为形态上的问题

《幼儿园工作规程》中明确提出，“创设与教育相适应的良好环境，为幼儿提供活动和表现能力的机会与条件”，“促进每个幼儿在不同水平上得到发展”。《国家中长期教育改革和发展规划纲要（2010—2020年）》提出要重点发展农村幼儿教育。在国家政策的支持下，农村学前教育得到了发展，但在实践过程中仍然存在着很多问题。探讨当下农村幼儿园环境创设行为方面的问题，对如何创设真正有利于幼儿身心发展的幼儿园环境有着重要的理论指导价值和实践价值。

上文我们提到，按照环境构成内容的特质性差异，幼儿园环境可分为物质环境和精神环境。物质环境是幼儿园开展各项工作的基础，而精神环境决定着物质环境能否转化为幼儿经验，二者缺一不可。

一、物质环境创设存在的问题

物质环境是指对幼儿发展有影响作用的各种物质要素的总和，这里指的是幼儿园内部环境中的物质环境，包括室内环境和室外环境。室内环境包括班级内部环境、走廊环境、午睡室环境等；室外环境主要是指室外活动场地。随着我国对学前教育的重视，农村幼儿园的物质环境创设也得到了一定程度的发展，然而，我们在调研中发现，农村幼儿园物质环境创设还存在着较多问题，主要有以下几种：

（一）环境创设重外观，缺乏教育性

在幼儿园环境创设上，教师对“幼儿园环境创设”概念理解片面化，把幼儿园环境创设仅仅局限在物质环境创设，错认为环境创设就是把教室布置“美观”。教师过于注重“漂亮”“色彩绚丽”等外在形式，忽视了环境应有的内在教育性。走进幼儿园教室，色彩鲜艳的花朵、高大的树、墙上贴着的长着胡子的红色的太阳等，乍一看十分美观，也得到了家长的称赞，可是幼儿却对它们不感兴趣，他们对教师辛苦布置的环境“视而不见”。瑞吉欧教育工作者认为，环境应该包含丰富的教育信息和资源，应该对幼儿的学习起到促进作用。环境不是装饰，也不是玩具等硬件设施的堆砌，它是和教师共同作用于幼儿的一种教育资源。瑞吉欧人把环境当做幼儿的“第三位教师”，他们把环境放在和教师一样重要的地位，把环境作为教育的“内容”，包含着丰富的教育信息和资源，对幼儿的学习起着促进激发的作用。①

（二）环境创设缺乏可操作性

皮亚杰的认知发展阶段理论强调，学前儿童处于前运算阶段，思维更具有直观性，需要直接地与客体接触才能有深层次的理解。皮亚杰强调：“生物体不仅依赖于环境，生物体也对环境做出积极的反应和回答，而这就要依赖于生物自身的积极性。主体只有作用于客体才能认识客体，这就要求客体和生物体的活动之间进行不可分割的相互作用。”②幼儿只有参与到幼儿园环境创设中，并进行实际的操作和体验，他们才能够与周围的环境发生互动，才能获取经验，得到发展。而现在不少农

① 屠美如．向瑞吉欧学习什么 [M]．北京：教育科学出版社，2002：28．
② 袁爱玲．幼儿园教育环境创设 [M]．北京：高等教育出版社，2010：39．

村幼儿园，环境创设都是“静的”“说教式的”“脱离幼儿经验的”，这样的环境只是让幼儿“看”“听”，注重视觉刺激，却忽视了幼儿多感官的运用，尤其忽视环境创设的可操作性，使幼儿无法有效地与环境相互作用。

在农村幼儿园室内环境中，区角活动趋于形式化，有名无实。这些活动区里的玩具是看得见，但摸不着的。幼儿对平时锁在屋子里的篮球架、摇摇马等只能“望而却步”，只有当教师认为幼儿“需要”玩的时候才会在教师的监管下开放给幼儿，幼儿平时想触碰这些玩具时，教师会严厉地制止。与其说这些是“活动区”，不如说是“展览区”，而教师的“震慑力”慢慢地让幼儿对这些“展览区”的玩具“视而不见”。

（三）环境创设极端化

农村幼儿园环境创设中存在两个极端：一个是几乎“空白”的环境，一个是过于丰富以至于“拥挤”的环境。两种环境对幼儿的成长都极为不利。

1．几乎“空白”的幼儿园环境

在一些农村幼儿园，班级环境创设是单一的：一台电视机，一块黑板，摆放整齐的桌子和椅子，一个放了教师教案和幼儿用书的书架，墙面上贴着一些已经褪去颜色的花朵和卡通形象，1—10的数字符号，窗户上零散地贴着几颗星星，这些构成了整个班级环境。幼儿有强烈的好奇心和探究欲望，对于所处环境的变化他们都能够第一时间察觉出来，而单调的、不变的环境很难引起他们的注意力，激发他们的好奇心。另外，由于对幼儿园环境创设理解的偏差，不仅是条件较差的幼儿园，即使是条件好一点的幼儿园，对幼儿园中一些空间环境的创设也几乎是“空白”，如幼儿园的午睡室、室外活动区、卫生间（图3-1）等大多处于一种“被冷落的”地位，空空荡荡没有任何的环境创设。在室外环境创设中更是如此，单调的大门、空荡的走廊、冰冷的水泥地面上孤零零地放置着一两个大型玩具（图3-2）。幼儿园的环境是一个整体，一些空间环境创设的“空白”不利于环境整体教育功能的发挥。

图 3-1　空白的卫生间环境创设

图 3-2　单调的室外环境

2. 过于“丰富”的幼儿园环境

一些幼儿园认识到了环境的重要性，然而做出来的环境创设却只是图片、玩具等的堆砌，并且认为给幼儿提供得越多越好。在教室环境创设中，墙面上贴满了各式各样的图案，空中悬挂着彩带，十分“热闹”和“丰富”，加之有的幼儿园教室小、人数多，使整个教室看起来特别“拥挤”。幼儿能够活动的地方局限在自己的座位和各个区域的空隙之中，而当幼儿冲出教师的限制范围，就会被“叫回来”，继续待在狭小的空间中。高密度的环境会使人们对别人或是自身生存环境产生厌恶之情，面对高密度人们往往产生社会退缩并且更加不愿意帮助别人，男性在高密度的环境中的攻击性会更加强烈。[①] 在幼儿园中，无论是人际密度还是空间密度都不宜过大，适宜的环境创设对幼儿的身心发展才会起到积极作用。

（四）环境创设缺乏整体性和秩序性

本课题组调研发现，广东省农村幼儿园在环境创设上随意性较大，主题性不强，且缺乏有效的联系与过渡等。蒙台梭利认为要给幼儿“提供有秩序的生活环境”，如果成人未能提供一个有序的环境，幼儿便“没有一个基础以建立起对各种关系的知觉”。[②] 蒙台梭利教室比传统的教室在摆设上更有秩序，整个环境是非常美观、整洁、有规律的，她认为这能培养幼儿有序、专心、耐心与独立的品质与人格。而缺乏整体性与秩序感的环境不利于幼儿内在与外在秩序感的养成，并会给幼儿的发展带来不利的影响。

二、精神环境创设存在的问题

精神环境是指对幼儿发展产生影响的一切精神因素的总和，幼儿园精神环境主要指幼儿园的氛围和人际关系。幼儿期是人生的开始，幼儿身心健康和谐发展是学前教育的目标。在幼儿园环境创设方面，教师往往十分注重物质环境的创设，而精神环境没有得到应有的重视。殊不知，在具备基本的物质条件之后，对幼儿发展起决定作用的是精神环境。环境不能直接作用于幼儿，我们创设的环境能否转化为幼儿的学习经验，还要依赖于幼儿所体验到的精神环境。[③] 既然精神环境创设如此重要，为什么在农村幼儿园没有得到重视呢？幼儿园班级内精神环境好与坏的关键在于师幼关系，而在师幼关系中教师对自己角色的定位决定着师幼互动的展开与质量。调查研究表明：很多农村幼儿园教师常常用自己习惯的方式与幼儿交往，意识不到自己正在教室里扮演着什么角

① 保罗•贝尔，托马斯•格林，杰弗瑞•费希尔，等．环境心理学 [M]．朱建军，等，译．5 版．北京：中国人民大学出版社，2009：299.

② 吴晓丹．蒙台梭利教育思想与方法 [M]．上海：复旦大学出版社，2012：42.

③ 袁爱玲．幼儿园教育环境创设 [M]．北京：高等教育出版社，2010：72.

色，给幼儿带来什么样的影响。不同角色定位的教师会有不同的行为，有的教师给自己定义为“掌权者”，那他对幼儿的态度是强制的、独裁的；有的教师给自己定义为“合作者”，那他与幼儿的交流方式则是轻松愉快的。轻松愉快的学习、交流方式使幼儿身心健康发展，充满压力、指责的方式不利于幼儿成长。而遗憾的是，部分农村幼儿园教师对自己的角色的定位往往是管理者和仲裁者，而非幼儿活动的支持者、引导者。农村幼儿园精神环境创设主要存在以下问题：

（一）幼儿处在被控制地位——“不要动”

1．控制幼儿的玩具和游戏权

被锁起来的篮球架（适合幼儿玩）、摇摇马，“有名无实”的玩水池和玩沙池，摆放着整整齐齐的字母卡片的拼音角，整整齐齐地靠墙“站着”的玩具，这些对幼儿来说都是“只能远观”。有的幼儿想触碰这些被“束之高阁”的东西，就会被教师或者其他的幼儿制止。对于幼儿，这些东西是归属于教师的，是“神圣不可侵犯”的。农村幼儿园教师认为这些东西是“没有用的”，是“难以管制的”或者是“可能会被弄坏或弄脏了的”的观点导致他们完全忽视了环境对幼儿行为的“可供性”。有的教师和园长“在幼儿需要玩的时候才把门打开让他们玩”，但是幼儿需不需要和什么时候需要到底是由谁来决定的呢？他们是否能代表幼儿呢？对于幼儿来说这些东西只是“看得见但是摸不着的”。

在环境中教师拥有完全控制的权利，处于“高高在上”的位置。幼儿只是在仰视，等着教师的“恩赐”。在教师控制环境选择权的情况下，幼儿无法支配自己的活动，处于被控制的地位。

2．控制幼儿的自由权

在农村幼儿园，教师忽视幼儿自由玩耍的权利，常常把幼儿“禁锢”在教室里。幼儿真正的游戏时间很少，他们往往是在教室里学习，趴在桌子上“抱臂静息”，或是靠在墙边坐着。在幼儿园里经常听到幼儿问：“老师，写完这个可以出去玩吗？”“老师，我想出去玩！”，有的幼儿甚至借着上厕所的名义在幼儿园里“闲逛”，他们渴望自由、渴望游戏。卢梭曾说过："人生来自由。"爱玩、爱自由是幼儿的天性，自由是幼儿不可剥夺的权利。幼儿通过自由活动来探索未知，来了解周围的世界，来认识社会现象，没有自由的童年不是完整的童年。相信每个幼儿园教师都知道这个道理，但为什么还会出现这种现象？首先，教师仍然持有传统的学前教育观念，认为知识的学习是最重要的，特别是对于即将升入小学的大班幼儿来说。其次，农村幼儿园玩具、大型游戏设施缺乏，让幼儿出去，也没什么玩的，干脆待在教室里，还容易管理。最后，幼儿的安全问题是教师非常担心的。在农村幼儿园，教师少，幼儿多，室外活动时，在不易管理的情况下容易发生幼儿摔伤等意外，教师这样做一是为了避免安全事件的发生，二是为了免于幼儿园、家长的责难。最终，教师成为了幼儿自由的禁锢者。

3．控制幼儿的"话语权"

据本课题组访谈发现，教师往往喜欢表扬和关注那些"听话"的幼儿。在教师的眼里听话的孩子就是"好孩子"，就是其他幼儿学习的榜样。在班级中不管是班级规则的制订还是执行，都是教师一个人说了算。教师认为规则由自己来制订会更加方便，更加容易操作。当幼儿出现与教师的要求不一致的情况时，教师感觉自己的权威就受到了挑战，这时候他们会要求幼儿改正自己的行为，并与自己的要求保持一致。如果与自己的要求能够保持一致就是值得表扬的孩子，是"听话"的孩子。这样的班级氛围实际上在不知不觉中扼杀了幼儿的好奇心和求知的欲望，让他们变成了只会听别人话的人，没有自己的想法，更没有对未来世界的求知和探索欲望。

（二）师幼互动中的教师——"你要听我的"

师幼互动是指发生在幼儿园内部的、幼儿园教师与幼儿之间的相互作用、相互影响的行为及过程。幼儿的认知、情感、社会性等方面是在与教师的有效互动中逐步发展起来的。[①] 然而在农村幼儿园的特殊环境

① 袁爱玲．幼儿园教育环境创设 [M]．北京：高等教育出版社，2010：86.

下，师幼互动却存在着以下一些问题：

1．“领导型互动”多于“合作型互动”

幼儿应该是师幼互动的主体，但在农村幼儿园中，教师在师幼互动中却占据着主导地位。在幼儿园中，教师是权威，规定着幼儿的一切。研究表明，师幼互动中，教师作为施动者而开启的互动要多于幼儿开启的互动。在互动的开启上幼儿大多数处于等待着的被动状态，即使是幼儿开启的互动，最终也会因教师的控制而终止或忽视。[①] 农村幼儿园教师喜欢高结构化的活动，教师控制着活动的开启、发展、结束甚至是结果。如一次中班户外投球（玩具小球）活动中，教师示范双手投球入“篮”（大盒子），教师要求双手投球，当一个幼儿单手投球的时候，教师严厉要求幼儿用双手，而这时幼儿已经用单手投进球，很开心地告诉老师：“老师，我一只手投的！”教师狠狠地瞪了幼儿一眼，然后要求其他幼儿继续用双手投球，不然不能参加比赛。教师的权威控制着师幼互动的开启，当互动过程中出现“未预期”的情况时，教师会忽略或“强制关闭”，以便达到自己的预期。

2．“事务性互动”多于“情感性互动”

研究表明，促使教师与幼儿之间进行行为往来的动因虽然是情感性与事务性并存，但根本上却是以事务性为主导的。[②] 事务性互动表现为教师对幼儿的要求、指令、提醒和约束等，这类互动是教师发起的，以得到幼儿立即的回应为目的，很少关注幼儿的情绪情感状态。在农村幼儿园中，经常听到诸如“不可以”“不能”“你要……”之类的话语，虽然活动的秩序得到维护，但是幼儿的活力、创造力、探索精神也被扼杀了。

3．“消极互动”多于“积极互动”

瑞吉欧教育提倡要“接住幼儿抛过来的球”，对幼儿开启的互动

① 袁爱玲．幼儿园教育环境创设 [M]．北京：高等教育出版社，2010：86.

② 刘晶波．师幼互动行为研究：我在幼儿园里看到了什么 [M]．南京：南京师范大学出版社，2006：218.

作出积极的回应，保护幼儿的积极性。教师的消极反馈（或无反应）对良好师幼关系的建立十分不利。我们在农村幼儿园里经常看到这样的情景：幼儿兴致勃勃地向教师提出自己的想法或者提出一些问题，教师不是忽视就是敷衍地对幼儿说："嗯，知道了，去玩吧！"幼儿没有得到满意的答复，只能悻悻地离开，一次良好的互动学习机会因为教师的消极反馈而终结。另外，消极互动还具体体现在教师一些无意义的问答上，在农村幼儿园，经常会听到教师诸如"好不好""棒不棒""懂不懂""会不会"之类的问话，而幼儿的回答完全是整齐划一的"好""棒""懂""会"等。教师这些无意义的表扬、问话等引起的互动仅仅在于师幼的一问一答之间，"瞬间结束"，并没有对幼儿产生实质性的影响。此类的消极互动在农村幼儿园里十分普遍。

（三）"包办"幼儿的学习——"不对，应该这样做！"

《幼儿园工作规程》中指出："幼儿园的教育活动是有目的、有计划引导幼儿生动、活泼主动活动的，多种形式的教育过程。"在幼儿园教育工作中，培养幼儿积极、主动的良好学习品质是十分关键的。由于幼儿身心发展不成熟的特点，幼儿的主动活动需要教师的引导，需要教师创设能够发挥其主动性的环境和条件。但是，在农村幼儿园的日常学习中，教师"无意"中过度的"控制"行为打消了幼儿自主探索的欲望，禁锢了他们的思想，从而使幼儿变成亦步亦趋的追随者，教师成了幼儿学习的替代者。

在农村幼儿园教育活动中，幼儿往往是"干瘪"的个体，是空着脑袋走进教室的。他们天性喜欢探索，脑子里充满了好奇与疑问。然而，这种探索机会却被教师剥夺了。幼儿往往被教师告知"这个是这样做的"，"这个是这样画的"，或是"请按照我的来！"等。而当幼儿提出出乎教师意料的想法时，教师有时根本不会去回应幼儿，特别是当教师对幼儿的这个问题没有把握的时候，只是用一句"我知道了"来敷衍幼儿。殊不知，诸如此类的行为会压抑幼儿的积极性和主动性，使幼儿没有机会展现自己的个性，更不用说全面发展了。

（四）缺乏对幼儿的尊重——“你怎么这么笨”

尊重，从心理学角度讲，就是尊重幼儿的自然需要、社会需要和精神需要；从教育学角度讲，就是根据幼儿身心发展的规律和特点，如学习的特点、思维的特点、兴趣和需要等特点施教。[①] 这就要求教师在教育教学活动中要尽可能满足幼儿被尊重的需要、情感分享的需要、交往的需要，还要以关怀、开放、接纳的态度对待每一个幼儿，并与幼儿建立起平等亲密的关系。教师还应以幼儿为主体，给每个幼儿表现自我的机会；尊重幼儿的意见，放手让幼儿做自己想做的事情；不随意批评幼儿，不伤害幼儿的自尊心。

然而，本课题组在调研中发现，在农村幼儿园中，不尊重幼儿的现象很多。例如，“小嘴闭上，我看谁还说？”“谁还说话，再说把你送到小班去！”“不吃是不是？不吃今天一天都不用吃了！”“你怎么这么笨！”……教师这种不尊重幼儿的行为方式不仅会给幼儿造成情绪压力，还会打击幼儿的自尊心与自信心，影响幼儿参与活动的主动性，甚至不敢去探索周围的环境。还有一个比较显著的现象是，少数农村幼儿园有个别特殊幼儿，这些幼儿不善于言谈，情绪比较内向，很少和其他幼儿互动。每次活动时，他们都是被忽略的对象，他们一般会搬个凳子坐到旁边的角落。当问到教师为什么是这样时，教师回答说：“这个幼儿比较特殊，一起会影响到教学的进行。”每个幼儿都是独立的个体，每个幼儿也都有学习的权利，每个幼儿都更有被尊重的需要。这是法律赋予的神圣权利，任何人无权剥夺。

《幼儿园教育指导纲要（试行）》中要求，教师的态度和管理方式应有助于形成安全、温馨的心理环境；言行举止应成为幼儿学习的良好榜样。教师要尊重每一个幼儿，给幼儿创造一个轻松愉快的氛围，在这种氛围里幼儿才会尊重身边的人和事，才会轻松愉快地学习。

---

① 袁爱玲．让我们努力学习真正地尊重幼儿 [J]．幼儿教育，2012（7）：30-31.

第四节　农村幼儿园环境创设资源形态上的问题

人类社会的存在与发展依赖一定的资源条件，要充分实现人类社会与发展的价值，就必须开发和利用各种资源，同时也要保护性和可持续地开发、利用各种资源。[①]教育与人类社会的存在与发展紧密相连，教育的发展也要依赖一定的教育资源。学前教育的内容主要以课程的形式存在，课程资源的开发与利用既是幼儿园课程存在的基本条件，也是学前教育存在的主要载体。[②]随着课程资源的内涵不断丰富，环境也被纳入课程资源的分类体系中。环境本身作为学前教育中的一种隐性课程、幼儿的“第三位教师”，蕴含着巨大的教育价值，是一类重要的课程资源。

一、环境与课程资源关系概述

人们对“课程资源”的界定基本都是基于“资源”一词。按照《中国资源科学百科全书》的解释，资源科学的研究对象是资源，它既包括作为人类生存与发展的物质基础的自然资源，又包括与开发利用的自然资源密切相关的人力资源、科技资源、教育等社会资源，资源本身具有多种属性。[③]根据信息资源学的观点，资源是指自然界和人类社会中能创造物质和精神财富的各种客观存在或存在物。[④]在一定程度上来说，资源是人类得以生存的物质资源和精神资源的统一体。

课程资源是指为保证教育正常进行而使用的人力、财力、物力的总和，教育的历史经验或有关教育的信息资料。[⑤]还有学者对课程资源进行了分类。根据性质，分为自然课程资源和社会课程资源；根据物理特性和呈现方式，分为文字资源、实物资源、活动资源和信息化资源；根

① 段兆兵，等．课程资源开发与利用：原理与策略 [M]．芜湖：安徽师范大学出版社，2011：2.

② 段兆兵，等．课程资源开发与利用：原理与策略 [M]．芜湖：安徽师范大学出版社，2011：2.

③ 周光强．新课程教师课程资源开发和整合能力的培养和训练 [M]．北京：人民教育出版社，2004：17.

④ 杨蕾，钟志贤．RBIJ：为研究性学习打开一扇门 [J]．教师博览，2002（2）：24-27.

⑤ 顾明远．教育大辞典 [M]．上海：上海教育出版社，1991：902.

据存在方式，分为显性课程资源和隐性课程资源。[①]根据课程设计与目标来源分，分为自然环境资源、社会环境资源、文化资源和人力资源。[②]不难看出，课程资源的内涵中，无不凸显环境的存在，甚至可以说，课程资源就是课程设计、实施、评价等的过程中可以利用的物质和精神环境、自然环境和社会环境的统一体。但并不是所有的环境资源都可作为课程资源，只有那些真正进入幼儿园课程实施领域，与幼儿园教育活动相联系的资源，才是现实的课程资源。

二、农村幼儿园环境创设资源形态上的问题

环境作为一种独特的课程资源，自然有其自身的表现形式。结合“课程资源”与“环境”概念的界定，幼儿园的环境资源形态可以从以下几个方面来划分：按形态，分为物质资源和精神资源；按性质，分为自然资源和社会、文化资源；按结构，分为高结构化资源和低结构化资源；按状态，分为静态资源和动态资源；按价值取向，分为认知取向资源、情感取向资源、社会性取向资源；按来源与空间分布，分为园内资源和园外资源，园外资源主要包括家庭和社区资源。当前，我国农村幼儿园环境资源形态存在诸多问题，最具代表性的是以下几个：

（一）物质资源创设简化，精神资源开发与利用匮乏

物质资源和精神资源对幼儿的成长应该是相互依存的统一整体。物质资源为幼儿的一日活动提供了基本的保障，良好的精神资源能够促进幼儿心灵的健康成长。在农村幼儿园，管理者和幼儿园教师将幼儿园环境创设主要理解为物质环境的创设，忽视精神资源的开发和利用，甚至分割了精神环境与物质环境创设的关系。

1．物质资源创设简化

农村经济条件落后，经济收入低，交通不便，信息闭塞，再加上学前教育没有纳入义务教育的范畴，投入到农村幼儿园的资金较少，导致一些

① 徐继存，段兆兵，陈琼．论课程资源及其开发与利用 [J]．学科教育，2002（2）：1-5.

② 唐云富．论课程资源的类型与开发策略 [J]．当代教育科学，2006（1）：24-27.

幼儿园缺乏应有的设施设备。本课题组调研发现，有些幼儿园班级环境较为简单，几张桌子，几十把椅子，一个黑板，两三幅拼音挂图，几本教师用书，是一个班级的全貌（图 3–3）；还有一些幼儿园，班级较为狭小，室内几乎没有活动区域，基本上没有任何的环境创设，仅仅是幼儿“上课”的场所（图 3–4）；还有一些幼儿园，活动室除了在地上放置了一些玩具，四周空空如也（图 3–5）。值得提出的是，近几年农村学前教育有了初步的改善，但依旧存在大量的小学附设幼儿园。这些幼儿园还有一部分教室老旧，桌椅残缺，有的甚至是从小学淘汰下来的桌椅（图 3–6）。虽然第一轮的学前教育三年行动计划已经结束，农村学前教育有了一定的发展，入园率得到了提高，但其发展还是初级的、低水平的，硬件、软件的配备还是跟不上，如缺乏图书、教具、玩具、大型活动设施等。

图 3–3　简单的教室

图 3–4　空间狭小的教室

图 3-5　空荡荡的活动室

图 3-6　掉漆破旧的小学桌椅

一些农村幼儿园，除简单的物质资源创设之外，还存在物质资源被闲置、被浪费的现象。幼儿园内“展示”的部分物质资源基本属于“形同虚设”，无法转化为幼儿园的课程资源。有的幼儿园内的专用活动室仅仅是摆摆样子，有些幼儿园内的玩具、沙地、游泳池、植物角等活动区都是用铁栏护着，幼儿只能在外面远远地观望。当问及一个幼儿有没有在沙地里玩过，幼儿说“没有，老师不让玩”。在他那充满无奈又迷茫的眼神里，我们似乎听到了他内心渴望游戏的呐喊。这种资源闲置、浪费的现象，造成资源利用效率低，从而导致投入大、产出少的后果。

2．精神资源开发与利用匮乏

在对广东省农村幼儿园教师队伍调查研究中发现，广东省农村幼儿园教师持幼儿园教师资格证的比例是34.3%，持小学教师资格证的比例是15.2%，无教师资格证的比例是50.5%。农村幼儿园教师的第一学历：高中阶段以下占10.8%，高中阶段占56.5%，专科占31.2%，本科仅占1.5%。从这两组数据中，可以很清晰地看到，广东省农村幼儿园无教师资格证的幼儿园教师占了一半，持有幼儿园教师资格证的仅占总数的1/3左右，同时农村幼儿园教师的学历依旧以高中、中专、大专学历为主，因此，农村幼儿园教师的专业水平偏低。至于贵州、云南等偏远的农村地区，幼儿园教师的专业水平则更是让人堪忧。

由于农村幼儿园教师自身专业素养不高及园所培训的不足，环境资源开发受到限制。大部分农村幼儿园教师根本就没有意识到精神资源的重要性。他们以为环境创设就是在幼儿园设计一些好看的装饰就行，仅仅关注一些简单的物质创设。有的教师根据自己的意愿，从网上搜一些自认为很好看的图片，张贴在幼儿园里，有的幼儿根本不理解其中的内涵。当问到幼儿"你知道墙上贴的是什么吗？"时，幼儿说"不知道，老师也不让我们碰"。这严重违背了幼儿园环境创设的初衷。幼儿园物质资源的创设，不能以幼儿为中心，自然也就不能形成良好的精神氛围，更不能激发幼儿愉悦的情绪情感。有的幼儿园的墙饰设计，无不给人一种命令、教师高度控制的心理感受（图3-7）。

图3-7　教室墙饰　"指导语"

（二）自然和社会文化资源趋于湮没

陈鹤琴指出："大自然、大社会都是我们的活教材。"[①] 我们应该充分利用大自然、大社会给我们带来的恩泽。虽然农村幼儿园在硬件设施上无法与城市幼儿园相比，但农村幼儿园也有其独特的自然和社会文化资源优势。

农村幼儿园自然资源非常丰富，如各类花草树木、石头、泥土等，贴近幼儿生活，是幼儿天然的游戏场所和探索场所。然而，这些资源基本上没有被开发，处于"睡眠"状态。这有以下几个方面的原因：第一，农村幼儿园班级较少，班级人数较多，有不少班级幼儿人数甚至达到 40 个，而教师配备最多 2 个，有的 1 个，保育已经占据了教师较多的时间。第二，农村幼儿园教师学历较低，大多数是高中及高中以下学历，缺乏课程资源开发意识和能力。第三，教师是基于成人世界的眼光来看待这些资源，对于这些生活中常见的资源往往忽略了其潜在的价值。例如，粤西、粤北山清水秀，风景优美，有田野、山坡、果林等。然而据了解，教师并没有把这些自然资源带入幼儿的教育教学活动中，也不会精心去安排。教师往往这样说："这些东西小孩子都知道，不需要教。"那么，这些资源所蕴含的教育价值也就无法得到施展。实际上，关于这些资源有没有用，幼儿喜欢不喜欢，教师可以多听听幼儿的声音，多和幼儿沟通、交流。

广东省拥有丰富的文化底蕴，如岭南文化、潮汕文化、客家文化等，然而调研发现，幼儿园教师比较多的是教给幼儿一些基本的礼仪习惯，而当地一些颇具特色的传统风俗、民间艺术等很少被纳入幼儿园的环境创设中去。粤北有一所幼儿园在这方面做得比较好，他们使用稻草编织小人，以及用当地一些常见的文化物品来装扮幼儿园的环境，并且引导幼儿学习当地的民歌，这是值得我们广大农村幼儿园好好学习的（图 3-8 和图 3-9）。

① 北京市教育研究所．陈鹤琴教育文集（下卷）[M]．北京：北京出版社，1985：660.

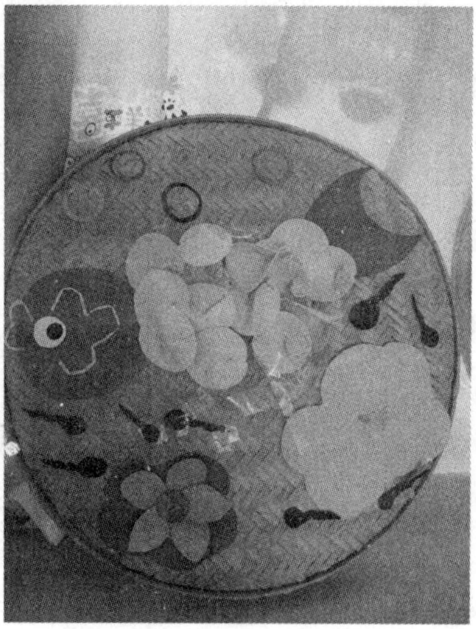

图 3-8　圆盘贴

图 3-9　稻草小人

（三）高结构化资源为主，低结构化资源处于弱势

高结构材料一般是指只有一种固定玩法、功能或游戏规则的材料，主要有表征性材料、教育性材料、运动性材料等。低结构材料是指可以有多种不固定或不确定功能、玩法或游戏规则的材料，例如积木、沙、泥等为低结构材料。[①] 低结构材料更有助于儿童发散思维的发展。儿童在使用高结构游戏材料时更多的是模仿，而在使用低结构材料时较多的是创造。[②] 另外，儿童在使用低结构游戏材料进行游戏时，需要经历一个独特的建构象征的心理活动过程，所以具有较高的智力发展价值；但低结构游戏材料需要儿童用自身的经验来组织和驾驭它们，因而具有一定的年龄适用范围，比较适合4岁以上的儿童使用。[③] 所以，一般来说，高结构化资源适合小班幼儿，低结构化资源适合中班和大班幼儿。但二者并不是对立的，高结构化资源和低结构化资源都有其自身的发展价值，教师要根据幼儿的年龄特点，将二者配合起来使用，最大化地促进

① 黄玉娇．材料结构及投放方式对幼儿创造性想象的影响研究 [D]．重庆：西南大学，2014：15.

② 华爱华．幼儿游戏理论 [M]．上海：上海教育出版社，1998：195.

③ 刘焱．象征性游戏和学前儿童的智力发展 [J]．北京师范大学学报（社科版），1986（6）：59-64.

幼儿全面的发展。

1．居于主导地位的高结构化资源

本课题组在调研中发现，有不少农村幼儿园在创设环境时，以高结构化资源为主，例如悬挂在墙上的挂图（如图 3-10）、字卡、拼音等；有一些幼儿园把环境布置得满满的，没有给幼儿留白；还有一些幼儿园在投放材料时，投放比例失调，高结构化资源较多，低结构化资源较少，成品多，半成品较少；有能力购买材料的幼儿园，买回的成品材料较多（如图 3-11），自制材料较少。

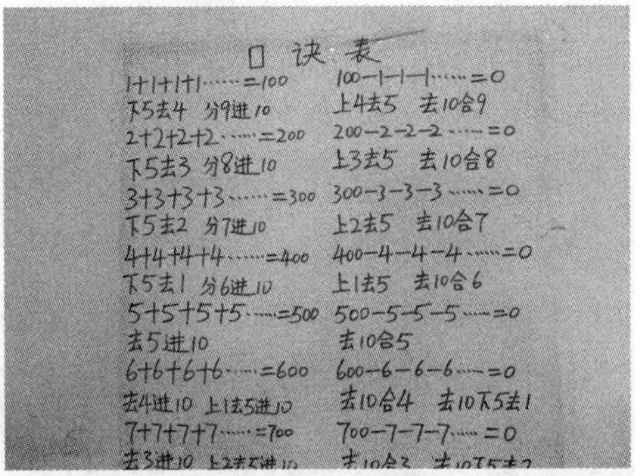

图 3-10　挂图

图 3-11　玩具材料

2．处于弱势的低结构化资源

在农村幼儿园，听得比较多的一句话就是："缺钱，缺资源。"的确是的，大型游戏设施和设备、现代化的玩具很多农村幼儿园买不起。但是，农村的某些环境资源还是比较丰富的，如沙、水、土、石块、树枝、玉米棒、纸板、花生壳等。假若这些低结构化资源能有效地加以利用，那么其价值绝不亚于成型玩具和材料的价值。如有的教师在活动区直接提供面包、大米或面条的成品玩具，就远远不如提供一些低结构材料，如纸条、纸屑、橡皮等，让幼儿自由制作不同的美食的意义重大。在操作低结构材料时，幼儿能真正发现属于自己的问题，并通过思考、探索、操作来解决问题，自主地建构知识，而不是成人的传授和教导。有的农村幼儿园做得较好，鼓励幼儿利用一些废旧材料进行玩具制作，并加入自己的设计与创意（图 3-12 和图 3-13）。

图 3-12 幼儿自制小车

图 3-13 幼儿自制坦克

（四）静态资源为主，忽视动态资源的生成

课程资源开发存在的一个误区是教师认为资源是现成的、静态的，一般与教科书配套。[①] 目前农村幼儿园环境创设依旧以静态资源为主，主要表现在以下两个方面：

1．静态的资源表现形式

资源的状态以静止的、现成的为主，缺乏动态的表现形式。以墙饰为例，沃尔威尔在有关研究中指出，墙面展示是一种过程而非结果。他甚至认为："只有幼儿全感官参与回应墙面展示时，效果才最好，应该鼓励幼儿对墙面进行摸、听、看、闻，甚至是尝。"[②] 但是目前农村幼儿园的环境创设基本以静态资源为主，要么直接贴上图片，要么就是挂上几张数字、文字卡片，以视觉刺激为主，很难吸引幼儿进一步的观察、探索与思考。

2．资源长期不更新

有的农村幼儿园资源长期不更新。幼儿园的墙饰已经破旧脱离，园长和教师却无动于衷；安全宣传画颜色已褪，画面已损，却无人管理。更有甚者，有些班级从幼儿入园到大班毕业，教室的装饰都没怎么更换过。当问教师为什么不及时更换时，教师回答说："这个还能用，过一段时间再换。"资源应该及时更新主要基于两个方面的原因：第一，幼儿喜欢新奇的东西，资源长期不更新，就很难再吸引幼儿的目光；第二，随着幼儿的成长，当原有的环境创设满足不了幼儿的发展需求时，调整和更新是不可避免的。不得不提的是，极少数幼儿园的环境创设完全是为了应付教育部门和上级部门的检查、考评，环境创设仅仅是为了行政化的任务，而不是基于幼儿的实际需要。

（五）高度关注认知取向资源，忽视情感和社会性取向资源

《国务院关于当前发展学前教育的若干意见》中明确指出：坚持科学保教，促进幼儿身心健康发展。遵循幼儿身心发展规律，面向全体幼儿，

① 尹筱丽，毛菊．教师有效利用课程资源的实践策略 [J]．教育发展研究，2009（2）：67．

② Wohlwill.Wall was learning centers. TEXAS child care, 1999（fall）：24-29.

关注个体差异，坚持以游戏为基本活动，保教结合，寓教于乐，促进幼儿健康成长。加强对幼儿园玩教具、幼儿图书的配备与指导，为儿童创设丰富多彩的教育环境，防止和纠正幼儿园教育“小学化”倾向。当前，教育越来越注重以幼儿为中心，注重幼儿情绪情感和社会性发展。然而有不少农村幼儿园却依旧高度关注教育的认知功能，忽视其情感和社会性功能。

1．高度关注认知取向资源

在农村幼儿园中，依旧保留比较传统的观念，仍旧以学“知识”为主。这里的“知识”，并不是指幼儿在操作材料的过程中、在与同伴和教师的交往中、在与周围环境的互动中自主地建构起来的知识，并获得认知、情感、审美、道德等的发展，而是指识字、写字，加减计算。大部分农村幼儿园仍然存在这一看法，即认为多认识两个字，会加减法，就是幼儿学到了知识，就是幼儿得到了发展。因此，在农村幼儿园环境创设中，高度关注认知取向资源。那些无趣的数字和拼音字母图片等铺天盖地。有的农村幼儿园教室挂着很厚的拼音字卡（图 3-14），有的班级中贴满了数学加减计算题（图 3-15）。

图 3-14 拼音字卡

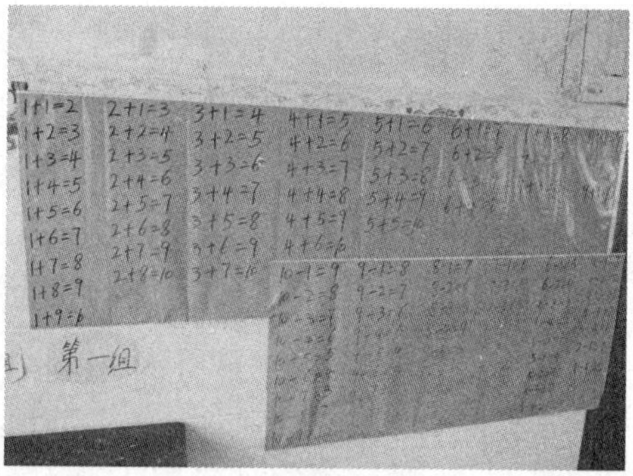

图 3-15 数学加减计算题

2．忽视情感和社会性取向资源

素质教育、全面发展等理念已经提了很多年，但农村幼儿园相对忽视非智力因素的培养，因此很多农村幼儿园关于幼儿情绪情感、社会性交往的环境资源相对较少。特别是幼儿情绪的调控与管理以及心理健康的内容却相当缺乏。值得思考的一个问题是，即使幼儿暂时记住了这些所谓的知识，难道一定会产生积极的累积性效应吗？现在的“纯认知”教育会不会对幼儿未来的发展造成伤害？大量的研究已证明，幼儿期情感、社会性等的发展对于幼儿一生的发展更为重要。这里并不是说幼儿智力的发展并不重要，而是不能“捡了芝麻，丢了西瓜”。

（六）资源来源单一，与家庭、社区互动不足

《幼儿园教育指导纲要（试行）》中指出，“幼儿园应与家庭、社区密切合作，与小学相互衔接，综合利用各种教育资源，共同为幼儿的发展创造良好的条件”，“充分利用社会资源，引导幼儿实际感受祖国文化的丰富与优秀，感受家乡的变化和发展，激发幼儿爱家乡，爱祖国的情感。”

1．园内资源来源单一

目前农村幼儿园园内资源基本属于“自给不足”的状态，大部分农村幼儿园的环境资源基本以园内资源为主，教育活动基本在幼儿园进行。幼儿园环境创设资源来源渠道单一，以自我提供为主，要么是教师手工制作，要么是幼儿园从市场采购（因资金有限，采购是有限的），很少将社区或家庭的一些物质、文化资源引入幼儿园。

2．家庭、社区资源急需开发

目前，农村幼儿园对家庭和社区资源的开发与利用认识不够到位，没有给予其应有的关注和重视，导致家庭和社区资源的利用仍处于原生阶段。农村幼儿园在感慨经费、物质设施设备不足，幼儿园教师缺乏的同时，却忽视对社区和家庭资源的开发。当然，出现这一问题，责任并不能完全归咎于幼儿园。在农村，仍有一些家长持有学前教育就是幼儿园的教育的观念，认为孩子入园后，等于把孩子交给幼儿园了，孩子是好是坏是幼儿园的问题与责任。另外，由于农村青壮年劳动力大多外出打工，主要是老人负责照看孩子，老人们教育观念较为落后，缺乏参与幼儿园教育教学活动的意识。同时，社区资源也还没有真正进入幼儿园资源的视域，进而也就无法为幼儿园的发展提供有力的支持。在这些方面，农村幼儿园需要做出改变和调整，有效利用家庭和社区资源。

第四章　农村幼儿园环境创设问题解决方案

针对农村幼儿园环境创设观念形态、行为形态和资源形态上存在的问题与不足，本章将从农村幼儿园环境创设目标、农村幼儿园环境创设原则、农村独立幼儿园的环境创设要求、小学附设幼儿园的环境创设要求四个方面进行阐述，以期能解决当前农村幼儿园存在的环境创设难题。

第一节　农村幼儿园环境创设目标

农村幼儿园环境创设目标，贯穿于整个农村幼儿园环境创设过程的始终，是实施农村幼儿园环境创设要解决的首要问题。农村幼儿园环境创设的目标，是在幼儿园环境创设目标的基础上，立足于农村社会经济发展的基本情况、农村幼儿园的实际现状以及农村幼儿发展的具体需要，确立的促进农村幼儿全面和谐发展的幼儿园环境创设目标。本节主要通过对幼儿园环境创设目标的分析，进而加深对农村幼儿园环境创设目标的理解。

一、幼儿园环境创设的一般目标

幼儿园环境创设的目标就其实质来说应该符合幼儿园教育的培养目标，具体而言要服务于幼儿园的保育与教育活动，满足幼儿身心全面、和谐、个性化发展的需求，促进幼儿体、智、德、美等方面的全面均衡发展。

（一）国内学者及教育决策部门提出的幼儿园环境创设目标

1．阎水金认为良好的幼儿园环境创设应该考虑以下几个目标[①]：

（1）能满足幼儿发展的需要；

（2）能增进幼儿的身心健康；

（3）能发展幼儿的潜力；

（4）能充实幼儿的生活经验；

（5）能促进幼儿动作技能的发展；

（6）能鼓励幼儿的探索行为，促进自信心的发展；

（7）能养成幼儿良好的行为习惯；

（8）能增强幼儿的交往能力。

2．李全华认为幼儿园环境创设应该实现以下三个目标[②]：

（1）寓教育于其中。良好的环境布置应与教育任务、教育要求相适应，是教育计划的组成之一。幼儿园环境布置必须为幼儿身心成长提供必需的刺激，引起他们的好奇心、求知欲，以启发幼儿去思考、去探索，从而为幼儿身体和智能的发展提供良好的基础。

具体来说，幼儿通过视觉、触觉等器官的感受，对环境布置所表现的内容及其形式产生相应的情感和认知体验，并在此过程中发展观察力、想象力，构建相应的知识结构，发展积极的自我概念。

同时，环境布置还应为幼儿良好的行为习惯的形成与社会沟通能力的发展，创造良好的机会和条件。

另外，由于不同时期有特定的教育内容，幼儿园的环境布置也需要随之更新，以适应不同阶段的需要。

（2）寓艺术于其中。我国著名教育家陈鹤琴先生曾经说过："环境艺术化是教育的一种手段。"艺术化的布置就是要在环境的整体布局及具体物品的细节上都具有美感。爱美是幼儿的天性，幼儿对具有强烈视觉美的事物尤其敏感。因此，在幼儿园环境布置中融入对艺术性的追

① 袁爱玲．幼儿园教育环境创设 [M]．北京：高等教育出版社，2010：8．

② 李全华．幼儿园环境创设 [M]．杭州：浙江大学出版社，2007：123．

求，使幼儿置身于美的世界中，能带给孩子美的感受，陶冶孩子美的情操。

（3）寓绿化环境于其中。绿化是衡量幼儿园环境的一个重要标志。人的生命太需要绿色了，幼儿年龄越小，越喜欢具有自然色彩的环境，如树木、田野、动物园等。因此，在幼儿园的环境布置中，应充分利用自然物，设立水池、花园、种植角等，使幼儿充分接触大自然。另外，适当的绿化在为幼儿园增加色彩和生机的同时，也能起到美化环境、净化空气的目的。

2001年，教育部颁发了《幼儿园教育指导纲要（试行）》，在第一部分“总则”的第四条中指出了幼儿园教育本身的特点，即幼儿园与小学不同的特点，强调幼儿园是通过创设健康、丰富的生活和活动环境来帮助幼儿学习的，幼儿是通过在环境中与他人的互动过程来获取经验的，教育者应该为幼儿创设真实、多元、和谐的生活环境，让幼儿在生活中学习，在生活中发展。《幼儿园教育指导纲要（试行）》对幼儿园环境创设作了如下要求，我们可以将其看做我国幼儿园环境创设的总体目标。

第一，幼儿园要为幼儿创设健康、整洁、优美的生活环境。只有在这样的生活条件下，孩子们的生命安全、健康成长才有了坚实的条件设施保障。

第二，幼儿园要为幼儿营造充满关爱、温暖、尊重和支持的心理环境。在这样温馨、和谐的环境中幼儿才能获得充分的安全感、自尊感、自信感和接纳感，从而有利于幼儿情感、态度、个性品质等的良性发展。

第三，幼儿园要为幼儿构建满足幼儿全面发展需要的游戏和活动环境。幼儿的学习与成长是通过游戏和活动获得的，是以幼儿园环境中的操作材料、玩教具、各种各样的活动等为中介的。教育者应该为幼儿的发展创设引导性的、学习性的、互动性的和支持性的教育环境。

第四，幼儿园要充分利用幼儿同伴及其交往活动这种重要的学习资源和环境。在同伴群体的交往中，存在着观察、模仿、教导、协商、合作等活动，进行着各种社交行为，培养着适宜的情感、态度和多种解决问题的能力。因此，同伴间的这种友好、积极的人际关系，活跃性、合作性的学习氛围，是幼儿园环境创设不容忽视的目标之一。

第五，幼儿园要积极与家长沟通，为幼儿的快乐成长打造理想的家园合作环境。幼儿园应深入挖掘家长的教育潜能，使家长对幼儿园活动有充分的了解，理解、支持、配合幼儿园各种形式的活动，形成家园共建的教育合力，为幼儿的成长、发展寻找更多的机会和途径。

第六，幼儿园要充分利用园外环境，如大自然生动、多彩的环境和社区的教育资源，从而有效拓展幼儿生活和学习的空间，进一步丰富幼儿园环境的内涵。

第七，幼儿园环境创设还应为幼儿的健康成长创建一个健康、积极、欣赏、鼓励、支持的评价环境。评价是儿童成长的重要氛围，它既可促进也可阻碍儿童的发展，尤其对年幼的、正在成长中的、心理不成熟的幼儿，环境中的评价对他们心灵成长的影响更加深刻和明显。因此，这里的评价环境，更多的是指激励性环境，让每个幼儿都能够有评价、喜欢被评价、获得适宜评价的环境，即一种由发展而生、为发展而施的评价环境。

（二）国外学者及教育决策部门提出的幼儿园环境创设目标

国外学者布罗非、古德和内德勒（J. E. Brophy, T. L. Good & S. E. Nedler）在 1975 年曾提出了 11 个幼儿园环境创设目标[①]：

（1）能关注幼儿的健康和安全；

（2）能经常保持与成人的联系；

① 袁爱玲．幼儿园教育环境创设 [M]．北京：高等教育出版社，2010：8.

（3）有积极的情绪氛围，促进幼儿自信心的发展；

（4）能满足幼儿的需要；

（5）教师对幼儿的行为有适当的反应；

（6）对幼儿的限制减少到最低程度，以鼓励幼儿的探索行为；

（7）能帮助幼儿确认和预测事情的结果；

（8）能为幼儿提供各种不同的且具有意义的文化经验；

（9）安排丰富的游戏材料和设备，促进幼儿动作技能的发展；

（10）应与幼儿的发展水平相符合；

（11）应由负责计划和制定教育目标的管理者规划和设计环境。

可以看出，以上有关幼儿园环境创设的目标都既关注到了幼儿发展的物质环境，又关注到了精神环境；既考虑到了环境对幼儿发展的引导作用，又考虑到了幼儿主动性的发挥；既看到了幼儿园内部环境对幼儿发展的影响，又看到了与幼儿园有关的园外环境对幼儿发展的作用。

二、农村幼儿园环境创设目标

农村幼儿园环境创设目标，是立足于农村社会生活大背景下的幼儿园环境创设目标。农村幼儿园环境创设面对的不利因素主要有：广大农村地区经济基础薄弱，农村幼教机构条件差、基础设施严重不足，除了人手一套的教材以外，很少有其他的图书和玩具材料，孩子们主要的活动就是在阴暗、拥挤的教室里进行读、写、算学习，小学化现象极其严重。在农村实行税费改革，全面取消农村税费之后，县级财政对乡级财政的控制不断加强，预算外资金逐步减少，导致乡级政府的财政状况比县级政府更困难，由此带来农村学前教育在筹资、投入和供给上的诸多问题。[①] 同时，我们也应看到农村幼儿园环境可发挥的优势主要有：农村独特的自然资源、神奇的自然现象、历史悠久的乡土文化等。上述的

① 刘焱，杨晓萍，潘月娟，等. 我国城乡学前一年班级教育环境质量的比较研究 [J]. 教育学报，2012（3）：74-83.

不利因素和有利条件，是我们确立农村幼儿园环境创设目标时应该加以考虑的重要因素。

下面具体阐述农村幼儿园环境创设的目标：

（一）发挥农村自然资源的潜在优势，构建“朴素”的物质环境

1．借助地理资源，还原农村幼儿园所在环境的本真面貌

农村幼儿园在建设园所环境时，可以利用农村自然的泥地、草地、沙石地，这些地方具有地面不平整、草木茂盛等特点，将它们巧妙地规划为花园区、土丘区、泥坊区、树林区等多种亲切、逼真的户外活动区。这是一种原生态的、纯天然的幼儿园环境。孩子们在这里可以呼吸着清新的空气、沐浴着和煦的阳光、观赏着清新的美景。在这样一种鲜活、真实的环境中，孩子们会倍感亲切，与环境进行交流、互动的兴趣会很浓厚。同时，这不仅发挥了农村环境的地理优势，而且在一定程度上缓解了农村幼儿园建设因资金匮乏所导致的场地不足问题。从而，在农村幼儿园环境创设过程中，力争实现节约环保、高效优质的“双赢”目标。

2．利用自然材料和废旧物品，凸显班级环境的童真童趣

农村幼儿园班级环境的创设，也应该结合农村自然资源的特点和作用来进行。如可以用玉米粒、芝麻、黑豆等农作物果实甚至是鸡蛋壳，绘制季节（如秋天、冬天），天气（如阴天、雨天），时间（如白天、黑夜）等主题的粘贴画来装饰墙壁；可以用完整的柚子壳、橘子壳，镂刻各种灯饰和表情；也可以对芋头、番薯、土豆等进行加工和组合，制作各种动物的形象；还可以利用不同植物的种子、干果外壳，串成吊饰垂挂在门窗上，真正实现“让每一处环境会说话”。① 生活中的废旧物品也可以为班级环境创设增添新意。如用各种颜色的饮料瓶制作小花篮，然后利用旧衣服、袜子和小铁丝、毛线编制大小形状不一的花朵，再组成一个个精致的花篮；又如，可以将废旧报纸上的相

① 邱海艳．浅谈幼儿园环境创设的新思路 [J]．出国与就业（就业版），2011（16）：114.

关图片剪下来，拼制成系列主题墙；再如，将五颜六色的毛线团悬吊在天花板上，丰富环境的空间视觉效果。这种利用自然材料和废旧物品的做法，在实现不花钱、少花钱，变废为宝目的的同时，更为孩子们创设了一个亲切熟悉的、富有童趣的班级环境，是一种经济而环保的选择。

（二）实现乡土文化资源的独特价值，创设“农味”的活动环境

农村幼儿园教育的目标是通过幼儿的日常生活、游戏和活动等实现的，是以我们所创设的幼儿园环境为载体的。因此农村幼儿园环境创设的目标就是要调动教师、幼儿、家长的热情和智慧，充分挖掘、利用和创新农村的物质资源、人文资源，构建师幼共享共创的活动环境，引发并支持幼儿在健康、语言、社会、科学、艺术领域的游戏和活动，促进幼儿园教育目标的实现。如果我们用孩子般的童心、以教育的眼光来观察我们周围那美丽的乡野风光，就会发现农村的自然资源是多么美妙和丰富。如泥土、沙石、树木、花草、野果、蔬菜、废旧材料等，就连水沟、田埂、山坡都是孩子们追逐嬉戏的天然场所，教育契机就隐藏在其中。

下面结合幼儿园五大领域的教育目标，阐述农村幼儿园活动环境的创设。

1．为幼儿健康身心的发展创设一个舒适的环境

幼儿园健康领域教育的目标是：（1）身体健康，在集体生活中情绪安定、愉快；（2）生活、卫生习惯良好，有基本的生活自理能力；（3）知道必要的安全保健常识，学习保护自己；（4）喜欢参加体育活动，动作协调、灵活。上述健康教育目标的实现，须借助一个安全、整洁、优美的理想环境，但也要结合农村生活的实际特征和农村孩子的发展特点，明确农村幼儿园环境创设的具体目标。农村生活中的一些不合理认识，如“不干不净，吃了没病”的错误看法，导致幼儿养成进食前不洗手、吃不洁食物等不良卫生习惯。又如，孩子们随地吐痰、乱扔垃圾的不文明习惯较普遍存在。在环境创设的过程中应该通过布置主题

墙、家园联系手册、日常卫生清洁工作和教师日常行为习惯等途径，帮助幼儿纠正不良习惯，养成讲卫生、爱干净的好习惯。农村孩子与城市孩子相比，进行的户外活动更丰富，运动能力更强。在环境创设中，一方面教师要对幼儿进行运动安全常识教育，以防运动过程中出现本可避免的安全事故；另一方面教师可以提供一些难度更高的体育项目，如跳绳、投掷、踢毽子、跳草垛儿、走平衡木等活动，从而更好地促进幼儿体能、动作的发展。

2．为幼儿语言能力的发展创设一个活跃的环境

幼儿园语言领域教育的目标是：（1）乐意与人交谈，讲话礼貌；（2）注意倾听对方讲话，能理解日常用语；（3）能清楚地说出自己想说的事；（4）喜欢听故事、看图书；（5）能听懂和会说普通话。因此，农村幼儿园环境创设过程中，应该创设一个引发、鼓励幼儿积极主动地运用语言的环境，让孩子们喜欢说、敢于说、有机会说、愉快地说并能够获得适宜性的应答，促进幼儿语言能力的发展。比如，农村幼儿园的故事书、图画书资源比较紧缺，一方面可以通过社会公益机构的图书捐赠活动或者建立城乡幼儿园图书资源共享平台，为农村幼儿提供基本的资源保障；另一方面，农村的美好风光正是大自然赐予农村孩子的生动“绘本”，春夏秋冬的菜园子里、田野上、山林中、小河里每时每刻都在讲述着“动听的故事”，教师更应该陪着孩子们一起走进大自然的怀抱，倾听自然界的声音，与大自然对话。再如，农村幼儿园普遍存在班级人数较多的情况，致使教师常常会基于维护秩序和纪律的考虑，限制幼儿说话的机会。这种做法严重阻碍了幼儿语言能力的发展。因此，一个自由、宽松、鼓励、支持和应答性的语言交往环境在农村幼儿园显得尤为重要。此外，广大农村地区，基本上是使用各自独具特色的地方语言。所以，一个标准的普通话环境，对农村幼儿的普通话学习来说具有特殊的意义。

3．为幼儿社会性的发展创设一个互动的环境

幼儿园社会领域教育的目标是：（1）能主动地参与各项活动，有自

信心；（2）乐意与人交往，学习互助、合作和分享，有同情心；（3）理解并遵守日常生活中基本的社会行为规则；（4）能努力做好力所能及的事，不怕困难，有初步的责任感；（5）爱父母长辈、老师和同伴，爱集体、爱家乡、爱祖国。农村幼儿园在这方面目标的达成上有着显著的乡土人文资源优势。有句谚语“穷人的孩子早当家”，农村幼儿在日常生活中，可能就潜移默化地养成了主动参与劳动、乐于助人、自强自立的品质。比如，在各种农忙时节，成人需要进行户外劳作，可能把孩子带到田间地头，这样幼儿就有机会看到劳动过程中的汗水与欢笑。从而，幼儿能更好地理解爸爸妈妈的辛劳，珍惜他人的劳动成果，也会更加愿意参与劳动，体验其中的快乐。农村幼儿园在环境创设时，可以尝试划分出萝卜、青菜等种植区角，组织幼儿进行翻土、种植、栽培、收获等劳动。这样不仅可以调动幼儿积极参与的热情，而且可以发展幼儿协作、互助、分享等亲社会行为。农村各地的民风民俗是传统文化长期积淀的结晶，千百年来一直传承至今。利用这些乡土人文资源进行环境创设，有利于萌发幼儿爱集体、爱家乡的社会情感。如，广东省潮汕地区的春节习俗是极具地方特色的：天方拂晓喜炮连连，家家户户厅中大桌上，红盘盛满大吉（即柑，柑大于橘，故称大吉）、青橄榄及各式精美糖果，门前张灯结彩，晚辈向上辈敬茶祝福。这些独具特色而内涵丰富的民俗文化是农村幼儿园环境创设的宝贵资源。我们应该善于挖掘，以推动农村幼儿园社会领域教育目标的实现。

4．为幼儿科学素养的发展创设一个有趣的环境

幼儿园科学领域教育的目标是：（1）对周围的事物、现象感兴趣，有好奇心和求知欲；（2）能运用各种感官，动手动脑，探究问题；（3）能用适当的方式表达、交流探索的过程和结果；（4）能从生活和游戏中感受事物的数量关系并体验到数学的重要和有趣；（5）爱护动植物，关心周围环境，亲近大自然，珍惜自然资源，有初步的环保意识。农村的自然环境是农村幼儿园实施科学教育的“大课堂”。春天

生机勃勃的草地、山冈，夏天热闹的池塘、小河，秋天硕果累累的菜园、田野，冬天童话般的冰雪世界。这么美好的周围世界，正是幼儿最喜欢、最自由的学习空间。雨后奇妙的彩虹、漫天飘舞的蒲公英、搬家的小蚂蚁、蛋壳里钻出的小鸡以及模样大变的小蝌蚪等农村生活中最常见的事物和现象，都是农村幼儿园科学教育的“活教材”。教师可以带领幼儿走出幼儿园的教室，走进大自然的怀抱，让幼儿通过实际观察、探索获得直接经验，真正解放幼儿的眼睛、解放幼儿的双手、解放幼儿的大脑。并且，在获得粗浅科学知识的同时，激发了孩子们关心、热爱周围环境的情感，增加了孩子们与大自然接触的机会，增强了孩子们对周围环境的亲近感。如家喻户晓的民间童谣《数鸭子》，刻画了一位在桥下唱数游鸭的快乐的幼儿形象。我们可以从这首充满童趣的儿歌中得到启示：幼儿的数学教育应该是寓于他们最熟悉的生活场景之中的，并且以形象直观的、游戏化的、童谣化的方式开展活动。

5．为幼儿艺术情趣的发展创设一个多彩的环境

幼儿园艺术领域教育的目标是：（1）能初步感受并喜爱环境、生活和艺术中的美；（2）喜欢参加艺术活动，并能大胆地表现自己的情感和体验；（3）能用自己喜欢的方式进行艺术表现活动。农村自然环境的美在上文多处已有涉及，下面主要结合农村民俗文化中的美进行论述。比如，春节、清明、端午、中秋、重阳、腊八等节庆活动时，当地人们漂亮的服装、饰品和相聚祝福、娱乐的热闹场景，不仅可以作为幼儿园主题墙装饰的素材，而且可以用以开展节庆主题教育活动，甚至还延伸到手工制作区和角色扮演区。如此，孩子们经历完整的了解、欣赏、体验、创造民俗文化美的过程，更容易将这些美好的事物珍藏在他们的记忆中。再如，编织、花灯、剪窗花、捏泥人等民间传统工艺都可以经过教师的筛选加工，成为农村幼儿园活动中一道道亮丽的风景。这些活动是精美作品的制作过程，更是人类心灵美、智慧美的展现过程。通过这些活动，孩子们会潜

移默化地受到美的熏陶，逐步提高感受美、表现美、创造美的能力。农村幼儿天生就是田野上的小精灵，教师们还可以启发幼儿对大自然的原材料进行大胆的加工：如用花瓣拼一只蝴蝶、用玉米棒做一只小羊羔、用竹筒制一把水枪、用高粱秸扎一副眼镜等。利用这些资源让幼儿进行思考和制作，幼儿的想象力、创造力和动手能力可以获得很好的发展。

（三）满足农村幼儿特殊的发展需求，营造和谐的精神家园

幼儿园精神环境在结构上有两种形态：人际环境和文化环境。① 人际环境主要表现为各种人际关系，包括师幼关系、同伴关系、家园关系；文化环境主要包括物质文化、制度文化、精神文化。其中，人际关系是体现幼儿园精神环境的决定性因素。

1．建立民主和谐的师幼关系

宽松、民主、和谐的师幼关系是幼儿全面发展的关键。这样一种温馨的精神氛围，有助于让幼儿产生亲切感、安全感，为其在幼儿园的生活、学习提供强大的精神支撑。教师的一个微笑、一个拥抱、一句问候都可以传递给孩子无限的力量，提升幼儿的自信心、激发幼儿的想象力、引发幼儿的探索。农村孩子乖巧懂事、天真淳朴，与城市孩子相比可能更加内向、害羞。教师更应该以妈妈般的爱，让他们感受到家庭般的温暖，接收到尊重、欣赏、热爱、鼓励、支持、接纳等信息，促进幼儿自由快乐地成长。

2．建立活泼友爱的同伴关系

活泼、友爱、愉快的同伴关系是幼儿快乐成长的枢纽。幼儿园环境中的同伴交往环境是幼儿园环境区别于家庭环境的重要因素之一。尤其是在独生子女政策实行之后，许多孩子的同伴交往活动是一种“真空状态”。良好的同伴交往关系，有助于促进幼儿社会规则的学习、社会情感的体验、社会行为的发展。孩子们之间的交往属于最真实、最单纯的

① 袁爱玲．幼儿园教育环境创设 [M]．北京：高等教育出版社，2010：74．

一种社会关系，教师很多时候需要充当一个观察者、建议者、参与者、调解者、点拨者的角色。

3．建立平等协作的家园关系

平等、协作、默契的家园关系是幼儿健康成长的保障。理想状态的幼儿园教育与家庭教育之间的关系应该是相辅相成、共创共享的。幼儿园的教育工作需要获得家庭成员的理解、支持和参与，才能更加有效地开展；家庭的教育活动需要幼儿园教师的关注、指导和交流，才能更加顺利地进行。家园共育的合力是幼儿健康快乐成长的巨大动力。比如，目前农村幼儿园存在许多留守儿童，他们常年与父母分离，由爷爷奶奶照顾，造成了隔代溺爱、任性顽劣等不良后果。针对这种情况，教师应该主动与家长沟通，善于发现问题原因并提供针对性的建议，最好能进行持续的跟踪、调查，直至问题得到有效解决。

综上所述，在农村幼儿园环境的创设过程中，其目标是要在农村幼教机构现有条件的基础上，以幼儿园保教目标为标准，扭转“等、靠、要”的消极观念，确立“天然、健康、环保、低投入高效益”“人尽其才，物尽其用”的朴素的资源观和价值观，从农村实际出发，潜心挖掘和利用农村独特的自然优势和人文资源，建设与农村学前教育相适应的环境，能满足孩子们自由活泼、全面和谐发展需要的“幼儿乐园”。

第二节　农村幼儿园环境创设原则

爱尔维修曾说：“我们在人与人之间所见到的精神上的差异，是由于他们所处的不同环境，由于他们所受的不同教育所致。”环境对人的影响重大，是实现教育目的和教育价值的一个重要载体。幼儿园是幼儿生活、学习的主要场所，是幼儿的另一个家，幼儿园环境就成为幼儿身心发展的必要媒介。高质量的环境是优质学前教育的重要保障和构成要素。[①] 因此，创设一个舒适、温馨且富有教育性的幼儿园环境是学前教育工作者的责任和义务。在幼儿园环境创设的过程中，不仅要具有审美性、文化性，还要遵循幼儿的身心发展规律、教育领域的特殊规律。著名的儿童教育家蒙台梭利曾说过："有准备的环境必须由理解儿童和了解儿童内在需要，掌握教育理论的教师来准备。"尽管环境创设是一门操作性很强的科学，但不是杂乱的、漫无目的的行为。环境创设者必须在一定的原则指导下，科学有序地进行，才能创设出合乎要求的、适宜的，有利于幼儿良性发展的和服务于教育教学活动的环境。

在我国的广大农村地区，有着丰富的自然资源、独特的民俗文化，蕴含着巨大的教育价值。如果将农村特有的物质与文化资源充分开发，创造性地渗入幼儿园的日常教育教学活动中去，那么，相对落后的农村学前教育事业将会获得一大助力。然而，由于农村地区特殊的地理位置、经济状况、师资力量等原因，导致幼儿园在环境创设的过程中，存在着形形色色的各种问题。为了避免这些常见问题的出现，同时创设既符合幼儿需要，又能促进其全面和谐发展的环境，就要求农村幼儿园教师在创设幼儿园环境时，务必要遵循以下最基本的原则：

一、因地制宜，创建特色生态景观

政府及相关的教育行政部门对幼儿园的各种设施及玩具材料的配备，制定和颁布了相关标准来进行规范，但是由于农村幼儿园的经济条件比较有限，如果完全按照这些规范性的标准对幼儿园进行布置，会有很大的困难。我国辽阔的农村存在着较大的地区差异，将所有的幼儿园都按规定的要求打造成为"标准化"的幼儿园也是不切实际的。只有通过充分利用农村当地的特有资源，开发独特的地域文化，充分利用农村

① 朱翠萍．幼儿园组织和开展高质量游戏的条件 [J]．学前教育研究，2011（8）：57.

同城市相比存在的优越条件，才能真正地做到与幼儿的生活经验相贴切，实现学前教育的园本化。

（一）合理利用园内生态资源

合理利用园内生态资源是指农村有其卓越的地理优势，可以加以开发利用。例如，农村地域宽广，园所面积可以相应扩大，室外活动场地也应宽广开阔，以便幼儿进行各种各样的游戏活动；可以在园内选择一片空地种满绿草，供幼儿自由的打滚和玩耍；可以在活动场地上挖一个适合幼儿跳跃的坑，并铺上沙土，幼儿既能在沙土上面练习跳跃，也能玩建构性游戏；可以利用农村特有的优势，在园内开辟种植园；可以使用泥土在园内建造不同坡度的“假山”，锻炼幼儿的攀爬能力……

（二）充分利用园内空间位置

幼儿园的环境布置，要能充分地利用室内外的地面、墙面和空间，尽可能多地为幼儿提供接受各种知识或信息刺激的机会和条件，以发挥幼儿无意识学习的能力，自觉不自觉地吸收知识，接受熏陶。然而，多数农村幼儿园未能充分而有效地利用三维空间，在环境布置的“立体性”问题上尚有文章可做。[①] 例如，地面可以画上引导性的几何图形、数字、字母、迷宫以及体育游戏时用来跳的格子、圆圈等，使幼儿走路时也有得看、有得玩，也能得到某些信息的刺激。也可以在天花板上悬挂一些具有装饰性及教育性的饰品，来配合教学活动。另外，教师要加强对墙面环境创设的重视，尤其是室外的墙面、楼梯两侧、走廊墙面等。

二、精巧设计，发掘自然资源价值

在国家日益重视学前教育的情况下，农村幼儿园虽获得了一定的发展，但是仍然存在着较多的困难。例如，经费紧张、教育教学设备落后、游戏材料缺乏。然而，《幼儿园教育指导纲要（试行）》要求幼

① 袁爱玲．幼儿园环境创设的实践标准 [J]．学前教育研究，1994（6）：36.

儿园提供有利于幼儿和成人、同伴之间共同生活、交往、探索和游戏的机会和条件，以促进他们在自由、宽松的环境中获得富有个性的发展。但农村幼儿园不可能像城市幼儿园那样，花大笔的经费购买琳琅满目的玩具和材料。因此，农村幼儿园只有从周围环境中寻找材料，寻找与幼儿日常生活相联系的材料，让幼儿在操作材料的过程中、在与材料的互动过程中得到发展。这不仅仅是一个经济问题，更是一个如何建立有特色的幼儿园的大问题；不仅仅是一个幼儿园管理上的问题，也是幼儿园教育的一个基本指导思想问题。因为创设幼儿园环境的过程，应当成为幼儿实际的感受国情教育、民族优良传统教育、环境保护教育的过程。[①]

在环境创设的过程中，要求农村幼儿园教师要具有开拓意识，建立“物尽其用”的价值观。对农村中的自然资源进行精巧设计，为幼儿提供多姿多彩且富有乡土特色的玩教具。例如，可以用不同形状的树叶拼成小动物的图案，用秸秆编成灯笼，用青草编成小白兔等。另外，在农村幼儿园环境创设和玩教具制作的过程中，如何利用自然资源并不是约定俗成、一成不变的，而是需要教师充分开动脑筋，创新设计。

同时，可以将幼儿园内的自然资源作为课程资源进行开发。现任英国伦敦大学英王学院院长的卢卡斯教授，1972 年从环境与环境教育中提出著名的环境教育模式——“卢卡斯环境教育模式”。他把环境教育归结为“关于环境的教育，在环境中的教育，为了环境的教育”。他指出其中任何两者或三者的结合才是真正意义上的环境教育。其中，关于环境的教育是通过一些主题，如气候、土壤、水、动植物、工业化等，发展学生对环境的认识以及对这些知识的理解；为了环境的教育是环境教育理论中最重要的一点，是要教会学生在存在相互矛盾的利益和不同文化观点的事实基础上寻求环境问题的解决办法，即要发展他们的价

① 李季湄．幼儿教育学基础 [M]．北京：北京师范大学出版社，1999：143．

值观与态度的行为模式，从而在根本上促进人类的可持续发展战略。[①]“卢卡斯环境教育模式”强调通过“在环境中的教育”来实现“为了环境的教育”目的。也就是说，卢卡斯将环境教育视为一种不可或缺的教育资源。卢卡斯提出的环境教育模式中，“在环境中的教育”的思想尤为适合课堂教学资源的开发。这一过程主要包括两个方面，首先是将周围环境作为幼儿学习过程的对象，通过探究和发现的学习方式强化幼儿的学习，最重要的是让幼儿掌握学习的能力；其次，将周围环境作为语言、科学和手工等实际活动的源泉，使幼儿在环境中发现学习的意义，激发学习的兴趣。“在环境中的教育”的资源可以起到提供知识、激发激情，引发幼儿对幼儿园真实环境正确反应的作用，较好地促进幼儿利用教学活动所学的知识运用于具体的幼儿园环境创设过程之中，发展幼儿的能力。

三、层次分明，满足幼儿不同需求

“一切为了幼儿”是学前教育的宗旨，也是幼儿园环境创设的目标所在。幼儿是幼儿园教育的主体，环境创设也应该满足大部分幼儿的基本需求。这就要求幼儿园要根据幼儿身心发展的特点，提供多层次的教育环境，既要有利于幼儿的生理发展，又要有利于幼儿的心理发展；既要有利于幼儿智力因素的培养，又要有利于幼儿非智力因素的培养；既要有利于幼儿各种知识经验的积累，又要有利于幼儿各种能力的培养。

（一）符合幼儿的年龄特点

幼儿的年龄特征决定了他们对世界的认识还是感性的、具体的、形象的，幼儿园环境的创设要符合幼儿的审美需求，设计的风格要稚嫩清新，另外还要建构一些植物区、生活区、建构区等，来满足孩子的好奇、勇于探索的心理需求。[②]

① 韩金丽．卢卡斯环境教育理论在英国环境教育中的应用 [J]．教育教学论坛，2013（10）：152.

② 付红珍．环境心理学在幼儿园环境创设中的应用 [J]．长春学院学报，2013（3）：61-62.

另外，不同年龄阶段的幼儿会呈现出符合其年龄的生理、心理发展特征。幼儿园环境创设要符合特定年龄阶段的一般幼儿的身心特征，体现幼儿的年龄差异，满足幼儿在不同发展阶段的需要。例如，小班幼儿应该创设温馨、舒适的生活环境，墙面创设上以造型夸张的卡通形象为主，注重情境性；中班幼儿就要多加入一些操作性材料；大班更注重探索性和合作性。同时还要根据幼儿发展的敏感期，对环境布置及活动材料进行恰当的安排。

（二）符合幼儿的性别特点

研究表明，幼儿在游戏和玩具的选择偏好上存在性别差异。男孩大多喜欢动脑筋的创造性游戏和需要剧烈运动的游戏，如踢球、追逐、跑动等；而女孩则喜欢具有模仿性和较为安静的游戏，如学习妈妈做饭、喂娃娃吃饭等。在游戏角色的选择上，男孩更多选择扮演爸爸、警察、消防员等，女孩则更有兴趣扮演妈妈、营业员等。在游戏区域的选择上，男孩偏好结构区、科学探索区，而选择音乐区、美工区和娃娃家等区域女孩居多。[①] 女孩喜欢室内游戏，男孩更喜欢户外游戏。因此，在布置区角及室内外的器材及玩具材料时，要兼顾男孩、女孩的需要，使每一位幼儿都能参与到环境中去，成为游戏的主人，而不是旁观者。

（三）符合幼儿的个性特点

世界上找不到两片完全相同的叶子，更不存在完全相同的两个幼儿。幼儿的气质类型、动机需要、能力水平、性格特点等必然会存在差异，在环境创设的过程中，除了要考虑幼儿一般的、普遍的年龄特征外，还要兼顾到幼儿的个性特点，使环境尽量体现个性化，尊重与满足幼儿的不同需求。较为普遍的做法是，先按照幼儿年龄特征来安排环境和投放材料，然后仔细观察幼儿对环境的态度，随时随地地按幼儿的需求对环境进行及时的修正，以满足个别幼儿的需求。

---

① 陈友娟．幼儿游戏中的性别差异现象分析 [J]．教育导刊（幼儿教育），2007（2）：15-19.

四、安全有序，保证幼儿身心健康

安全是指幼儿身体、心理及社会性发展等方面处于没有安全隐患的舒适状态。安全的幼儿园环境是幼儿得到发展的必备条件及基本保障。①近年来，关于幼儿园安全事故的报道层出不穷，诸如幼儿园集体中毒、大型玩具倒塌等，给幼儿个人、家庭造成了较大伤害，也引起了社会的广泛关注与讨论，并对学前教育工作者敲响了警钟。幼儿园应该给幼儿提供一个安全有序的环境，这是对幼儿生命权利最基本的尊重，也是幼儿身心健康发展的前提。安全有序的原则不仅体现在幼儿园物质环境的创设上，也包含在幼儿园的精神环境中。

（一）园舍建筑及活动场地

《托儿所、幼儿园建筑设计规范（征求意见稿）》规定，幼儿园设计必须执行"安全第一"的原则，必须保证园内每一个场所的环境安全，保证在园内生活、活动每一个环节的环境安全，在遭到意外灾害时，幼儿园的建筑和设施应具有抵御灾害的能力，并且能够使园内幼儿安全、迅速地脱离危险场所。室外活动场地地面应平整、防滑，无障碍，无尖锐突出物。同时，必须定期对幼儿园的园舍建筑及活动场地进行检修维护，避免安全隐患的存在，做到防患于未然。

现在的农村幼儿园，有一部分是由空余的小学校舍、废弃的村委会或者村办工厂等改建的。针对此类幼儿园，在整改的过程中，要充分考虑到幼儿的年龄特点，例如楼梯、盥洗室、走廊应该注意防滑，有明显的提醒标志，且要设有符合幼儿高度的扶手。在创设幼儿园的物质环境时，应该从细节出发，站在幼儿的角度，真正体会幼儿的需求，给自我保护能力较差的幼儿提供安全的保障。

（二）设施、设备及玩教具材料

幼儿园的设施设备在采买置办时要持"安全第一"的原则，购买

① 袁爱玲．幼儿园教育环境创设 [M]．北京：高等教育出版社，2010：51.

符合幼儿安全标准的设备及玩教具。教师在选用废旧材料制作玩教具时，要注意使用安全健康、无毒无味的材料，而不要使用随地捡来的废旧化妆品盒、药品盒，甚至装农药的瓶瓶罐罐。在选择农村特有的植物作为活动材料时，要注意选择无毒、无刺，不会给幼儿造成直接或间接伤害的植物。图书应经常在阳光下“沐浴”，以消除有害细菌。玩具应每周用消毒液浸泡，然后用清水冲洗，还要检查玩具有没有松动，防止小部件被幼儿吞食。幼儿年龄较小，安全意识较弱，抵御伤害的能力差，教师要时刻铭记心中，并且教授幼儿安全教育的知识。

（三）精神环境

幼儿园环境对幼儿产生着潜移默化的影响，尤其是幼儿园的精神环境对幼儿社会性及人格特征的培养具有举足轻重的作用。在强调家园共育的同时，学前教育工作者也要有这样的观念：幼儿一天中的大部分时间是在幼儿园度过的，幼儿园环境对幼儿的影响作用更大。从心理学的角度来讲，幼儿若长期处于不安的状态下，他们的感知能力就会下降，创造力和想象力就会被抑制。因此，学前教育工作者必须为幼儿创设和谐、融洽、安全的精神环境，以促进幼儿独立、勇敢等优良个性的发展。

安全性原则在幼儿园精神环境创设中的具体体现是：为幼儿建立自由而又有规则的精神环境，让幼儿可以无拘无束地表达自己。这就要求幼儿园教师首先要多鼓励、多接纳幼儿的行为，形成积极的环境氛围，建立积极的主体导向功能层。多给幼儿支持，让幼儿得到成功的体验，增强其自信心。其次，教师要对幼儿多进行引入性的训练。比如，对幼儿的一些错误行为，要明确地告诉幼儿应该怎样做，而不是用羞辱，甚至打骂的方式。如果幼儿一直生活在这种威胁、讽刺、呵斥的环境中，将会阻碍其责任感、自尊心的养成。相信每位幼儿园教师都不想看到一个本应该像天使一样活泼的孩子，在幼儿园内畏畏缩缩，不敢说话。

五、平衡系统，发展完整幼儿

学前教育无论作为人类的一种活动，还是一种社会现象，它都是一种整体。幼儿的心理发展过程也是逻辑展开的过程，每一阶段都有其渊源和前提，而且又都为后来的发展阶段做准备，所有的发展阶段都具有连续的属性。[①] 在环境文化教育学中，也强调培养知、情、意、行的全人目标。因此，幼儿园在进行环境创设时，必须充分协调各种资源，调动各方面的积极性，使各种因素之间协调平衡，发挥整体影响，提高幼儿园环境创设的教育成效。所谓环境创设的平衡系统原则，指在幼儿园环境创设的过程中，要以发展全面的幼儿为根本目标，促进幼儿认知、情感、审美、道德等的发展。在环境创设的过程中，不仅要为幼儿提供丰富多彩的玩具材料，更要关注这些材料背后所蕴含的教育功能之间的相对平衡和全面。平衡系统的原则主要体现在以下几个方面：

（一）身体发展与心理发展的平衡

学前期是幼儿身体发育及心理快速发展的时期，而且身心的发展是相互依赖、相互促进的，二者不可割裂。我国幼儿园的教育目标是“对幼儿实施体、智、德、美等方面全面发展的教育，促进其身心和谐发展”。德、智、体、美这四育本身就是相互渗透、有机结合的，彼此相互联系、相互制约。体育是儿童生长发展之本，拥有健康的体魄是幼儿获得发展的基本前提。重视幼儿的身体健康与锻炼有助于幼儿坚忍不拔的性格特质的培养，幼儿智力的发展为对幼儿更好地进行德育、美育、体育提供了条件。因此，要为儿童创设利于其身心和谐全面发展的环境。

（二）各种感官发展的平衡

幼儿同成人一样，会被多种感官经验所吸引，同时幼儿期也是感

① 刘晓东．儿童教育新论 [M]．南京：江苏教育出版社，2008：103.

官发展的关键期。因此，环境的感官特质也是很重要的，环境创设时要注意视觉、听觉、嗅觉、触觉等多种感官发展的平衡。[①] 在环境创设中，教师不应只给幼儿提供以“看”为主的内容，而是应提供动员幼儿多种感官参与的、可让幼儿操作的内容和形式，保持感官系统的和谐。

（三）知识的平衡

知识的平衡，主要包括两个方面，知识类型的平衡与知识领域的平衡。知识的类型多种多样，有陈述性知识、程序性知识、策略性知识，个人知识、社会知识，感性知识、理性知识，等等。而农村幼儿园环境创设的现状是墙面上挂着大量的识字挂图、数字卡片，单调而乏味。教师在创设环境时要关注知识内容的本身，但更要关注如何让幼儿获得这些知识。例如，幼儿园教师在讲授“种子发芽”的知识时，可以让幼儿自己种一颗种子，进行观察，亲身体验。幼儿通过自身体验获得的知识，更有助于其对知识的理解与掌握。

知识领域的平衡是指，在创设环境的过程中，要依照《幼儿园教育指导纲要（试行）》中的五大领域对诸多的知识进行编排设计，保持各领域间的平衡，不可偏废。尤其是在区角活动中，科学角、数学角、图书角等不同的区角在保持相对独立、开发幼儿不同智能的同时，还要保持知识的融会贯通。

六、全员参与，给每个幼儿机会

农村幼儿园的环境创设几乎都是由教师一手完成的，幼儿只是被动地接受来自成人的安排。教师对环境的过多控制，往往会使幼儿无法自然地、主动地融入到幼儿园的环境中去。因此，能否正确认识幼儿与环境之间的关系，也是影响环境创设的一个关键性问题。学前教育工作者不仅要意识到幼儿园的教育性蕴含在环境之中，更要意识到教育性还蕴含在环境创设的过程中。为此，必须看到幼儿在环境创设中的主体地

① 袁爱玲．幼儿园教育环境创设 [M]．北京：高等教育出版社，2010：58．

位，让幼儿投入到环境创设的过程中来。

农村幼儿园环境创设的一个现状是，每到新学期，幼儿园教师就会对整个幼儿园环境来个大改造，加班加点地把墙面搞得花花绿绿，自认为立了大功。但是，他们完全没有想到，这样的环境难以对幼儿产生持久的影响，也难以达到环境创设的目的。解决这一问题的关键是从幼儿出发，让幼儿真正地参与环境的创设，师幼共同确定环境布置的主题、材料、作品、风格等，并在课程实施过程中充分利用创设的环境，使之能真正支持幼儿的发展。[①] 我国著名儿童教育家陈鹤琴先生在分析“布置时应注意的弊病时”曾指出：“不要教师自己来做，让学生们自己来设计，自己来布置，这才格外有意思，也才更有教育意义。”

《幼儿园教育指导纲要（试行）》指出：“尊重幼儿在发展水平、能力、经验、学习方式等方面的个体差异，因人施教，努力使每一个幼儿都能获得满足和成功。”所以，在环境创设中，要不遗余力地为幼儿提供表现的机会和场所，把孩子的作品张贴在墙上，悬挂在活动室的顶上，摆在展示台上，不要因为孩子的作品稚嫩就剥夺他们表现的权利，而要尊重和保护他们的这份童心。环境创设不能只停留在以成人的标准来审视其所谓的美与丑、好与差，更要意识到环境的创设是为了满足幼儿的需要，是为了促进幼儿的发展。

最后，除了让幼儿参与到环境创设中，教师还应该调动家长及社区的积极性，增强家长与幼儿园教育配合的意识，鼓励家长全方位为幼儿园的发展服务，幼儿园、家长、社区三者紧密配合，形成教育合力，共育幼儿，实现价值最大化。

七、源于生活，让环境对幼儿产生意义

陈鹤琴先生曾经说过：“幼儿的环境规定着幼儿的生活。”美国教育家杜威也强烈反对那种脱离儿童生活经验，为遥远的不可预期的将来做

① 杨文．当前幼儿园环境创设存在的问题及解决对策 [J]．学前教育研究，2011（7）：64.

准备的传统教育。他在《我的教育信条》中说："教育是生活的过程，而不是将来生活的预备。"[①] 幼儿园的环境，唯有适应幼儿的生活，才能与幼儿对话。《幼儿园教育指导纲要（试行）》中明确指出，在教育活动内容的选择上，"既贴近幼儿的生活来选择幼儿感兴趣的事物和问题，又有助于拓展幼儿的经验和视野"。生活在农村的幼儿，他们对周围的东西熟悉又好奇，随处可见的材料有利于幼儿去动手动脑，去探索和发现。而非生活中的事物，看不到又摸不着，在幼儿知识经验之外，缺乏真实的经验，不利于幼儿的探索发现。幼儿的发展是以已有的知识经验作为基础的，教师应该做的不是去塑造另外一种生活，而是把现有的生活变得更好。教育的内容脱离了生活，学前教育就失去了现实的、感性的基础。学前教育的一个重要目的，就是要使幼儿了解生活、关心生活、热爱生活。利用多层次的现实生活情境进行教育，使学前教育生动形象，更有利于提高学前教育的成效。[②] 尤其是在农村地区，更应该整合农村特色的资源，将传统节日、手工艺搬进幼儿园的环境中，既体现传统特色，又更贴近幼儿生活，而不是盲目地模仿城市里的"麦当劳"和"游乐场"等。

八、富于挑战，引领幼儿发展

根据维果茨基提出的"最近发展区"理论，在教育过程中必须考虑幼儿的现有发展水平以及通过他人的帮助可以达到的发展水平。教师的任务就是立足于幼儿的现有发展水平，为幼儿提供较高水平的帮助，让幼儿获得进一步质的发展。

环境创设不仅要适应幼儿的年龄特点和现有发展水平，还要在此基础上，引入新奇的元素，为幼儿出一些"难题"，但这些难题，要在"最近发展区"之内。就像摘果子一样，那些一伸手不费吹灰之力就得到的，不能够锻炼幼儿；高挂枝头的果子，不论做出怎样的努力也都得

① 虞永平．生活化的幼儿园课程 [M]．北京：高等教育出版社，2010：30.
② 虞永平．生活化的幼儿园课程 [M]．北京：高等教育出版社，2010：47.

不到，也会打击幼儿的自信心，丧失兴趣；而那些跳起来、借助他人或其他工具可以够到的果子才更有吸引力，才更有价值。所以，在环境创设时，所提供的视听材料、操作材料以及各种信息都要适当超越幼儿现实发展水平，而不是尾随幼儿的发展，也不是平行于幼儿的发展。[①] 例如，可以在保障幼儿安全的前提下，为幼儿安排一些探险的游戏或跨越障碍活动。

九、色彩协调，富有美感

在创设幼儿园环境时，要符合美学的基本原则，体现幼儿园环境的艺术性。环境的艺术性可以从各个方面体现出来，其中对幼儿来说，最重要的是视觉上的形式美。环境布置的形式美主要指的是以下几个方面：（1）整齐划一。这是一种环境布置的整齐美。（2）对称美。以一条线为中轴，左右两侧或上下均等，形成一种对称。（3）匀称。匀称的环境布置在事物的整体与布局以及局部与局部之间保持着一定的比例关系，看起来很美。（4）和谐。和谐指的是环境布置的多样统一，这可以说是环境美的高级形式。[②] 在环境中，对颜色的感知是第一位的，颜色影响着人的审美感受，甚至影响人们的情绪，调节和丰富精神生活。在幼儿园中，色彩的运用是对幼儿认知的回应，协调而鲜明的色彩能够调动和增进幼儿积极向上的情绪，增进关于美的体验，促进其健康的人格发展。

幼儿园在运用色彩的时候，应注意色彩的整体性，用一种色彩为主色调，以若干个配色为辅，体现出“淡妆浓抹总相宜”的意境，这是一种安全且保守的做法，关键看主配色之间的协调性。[③] 如果过分地追求色彩的丰富性，把整个幼儿园装饰得五彩缤纷，色彩杂乱，反而会适得其反，造成幼儿情绪烦躁，注意力不集中。

① 袁爱玲．学前创造教育课程论 [M]．北京：北京师范大学出版社，2001：110.
② 张宁云．论幼儿园物质环境创设的原则 [J]．杭州师范学院学报，1994（5）：128.
③ 陈慧军，张肖芹．幼儿园环境设计与指导 [M]．上海：华东师范大学出版社，2013：3.

在选择色彩时，通常应运用明亮而又温和的色彩，使环境柔和又富有创造性。从色彩学上，高透明度、高饱和度的颜色，暖色的搭配和创意，可以使幼儿产生欢快、兴奋的心情。不同的地域、不同的阶段、不同的宗教文化对色彩具有不同的偏好，但幼儿园环境创设必须运用适合幼儿发展的色彩。幼儿对鲜艳的颜色比较喜好，针对幼儿好动而且需要关怀的特点，学前教育工作者应该多运用红、黄等让人产生温暖感觉的颜色，但不要过度使用，因为过度使用会让人产生腻烦心理。色彩也具有潜在的导向作用，① 不同的色彩会对幼儿的情绪及行为模式产生影响。因此，在选择色彩时，要依据专业的色彩学知识进行合理搭配。

十、刺激适宜，富含教育因子

根据脑科学的研究，环境刺激的输入与幼儿的发展并非简单的线性函数关系，很多时候并非多多益善，刺激过多有时反而会适得其反。当然，也不是说刺激单调就好，适宜的刺激才最有利于幼儿的发展。有的农村幼儿园装扮得过于花花绿绿、热热闹闹，不但不能对幼儿的发展起到积极的作用，反而可能会造成幼儿的认知紊乱，影响幼儿思维与想象力的发展。

农村幼儿园的环境创设有时过于追求好看，过分突出环境创设的装饰与美化功能，而忘记对“环境创设的目的是什么”进行本体性追问。环境创设的目的是为了幼儿的发展。瑞吉欧教育工作者认为，环境是一个可以支持社会、学习与探索的容器，包含互动的经验和建构式的刺激。这就决定了幼儿园的一草一木、一花一石都应该成为教育的载体，富含教育作用。环境创设还要体现一种积极的环境文化氛围，环境文化在塑造不同层次人格的过程中有着特殊的作用，是规定和影响人的素质的重要方面，能影响师生的人格素养和做人原则。②

① 王卡兰．幼儿园环境创设中色彩巧妙利用 [J]．文教资料，2011（11）：119-120．

② 秦岭．学校环境文化建设 [M]．北京：北京工业大学出版社，2009：1．

积极的环境文化会给幼儿一种心理暗示，带来“春风化雨”“润物细无声”的心灵陶冶，最终促进幼儿性情倾向、认知、审美、道德的全面发展。

第三节　农村独立幼儿园环境创设要求

《幼儿园教育指导纲要（试行）》指出：“环境是重要的教育资源，应通过环境的创设和利用，有效地促进幼儿的发展。”幼儿园的环境不仅是幼儿学习的一种情境，一种支持，更是一种课程。环境承载着巨大的教育功能，它通过“无声胜有声”的方式影响着幼儿。然而，“环境能说话”并不代表“环境会说话”，要让环境“传情达意、曲尽其妙”并不是件容易的事情。农村幼儿园的教育水平相对于城市来讲要薄弱一些，经济欠发达地区的幼儿园更是如此。但是，农村的很多动植物都是大自然赐予幼儿的宝贵的“教科书”，幼儿园在充分挖掘这些特有资源的基础上，加以开发、整合、创新，便会营造一个美丽温馨而又富有教育意义的环境。

一、农村幼儿园室内环境创设

（一）三维空间指导下的室内环境创设要求

布置幼儿园教室是一件“花时间、费体力”的活儿。许多教师辛辛苦苦布置好的环境，却发现幼儿并不是很感兴趣，此时的教师便会疑惑：我究竟做错了什么？

目前，在我国农村的幼儿园环境创设中，教师似乎步入了一个误区，认为环境一定是要美观的、新奇的。殊不知，幼儿园的室内环境不只是一种显性表现，更是一种隐性课程。建构主义强调，教学应把学生原有的知识经验作为新知识的生长点，引导学生从原有的知识中“生长”出新的知识。环境是凝聚教育智慧并折射教育理念的载体，幼儿园应针对不同年龄班的幼儿构建与之身心发展水平相适应的环境，既要激发幼儿参与创设的兴趣，又要使幼儿在“最近发展区”内“跳一跳，摘到桃子”，保证不同年龄层次的幼儿都能在原有水平上有所发展。①

因此，幼儿园最好围绕着主题教育活动来创设环境，鼓励幼儿参与到班级环境的布置中去，锻炼幼儿的动手操作能力和创新策划能力。在选择主题墙的内容时，可根据教育内容、季节变化、特殊节日或者是孩子的兴趣生成主题。主题墙要有清晰的主题脉络，体现主题教学的进程。② 农村的孩子对农作物很熟悉，作为教师，在与孩子共同设计主题和选择材料时，要充分挖掘有教育价值的农作物资源，培养孩子的动脑动手能力，紧密结合幼儿园课程内容来创设环境，实行课程内容和环境的有机衔接。例如，在“认识小麦”的活动中③。教师可以让幼儿从土地上采摘一株小麦带到教室里来，教师可以和幼儿一起用小麦编成一根“长辫子”，挂在教室的墙面上。在“小麦辫子”周围，请幼儿和家长一起寻找小麦从发芽到成熟的图片，在幼儿寻找和创作的过程中，教师、家长可以和孩子共同探讨小麦的用途，这样到了集体活动时，幼儿就有了话题。这时，教师再分别请幼儿讲讲小麦的作用，也可以让幼儿画小麦，把画有小麦的图片剪下来，粘贴到墙上。这样通过师幼互动共同合作创设的墙面，才是幼儿喜欢的，这个过程中幼儿所获得的知识和快乐才是无穷的。进行墙面环境创设时，在农村，根据季节的变化，植物生长成熟的先后，可利用的植物很多，如玉米、稻谷、大蒜、花生等；可利用的材料也很多，如植物的种子、秸秆、外皮等。

1．室内墙：“三面”创设，“面面”俱到

（1）墙面

幼儿园班级墙面包括：活动室内墙面、活动室外属于班级的墙面、

① 周琼．省级示范性幼儿园班级墙面环境创设的特点及问题的研究：以湖南省部分省级示范性幼儿园为例 [D]．长沙：湖南师范大学，2012．

② 李莉．简述幼儿园隐性课程的显性管理：幼儿园班级环境布置及评价策略 [J]．幼儿 100（教师版），2013（1）：4-9．

③ 黄观菊．唱响乡土资源的主旋律：谈农村幼儿园环境创设中乡土资源的开发和利用 [J]．时代教育（教育教学），2010（3）：250．

班级寝室墙面、班级卫生间墙面。幼儿每天绝大部分时间都在活动室内外进行活动，这一部分环境对于幼儿的影响是最为直接和重要的。有研究者提出，只有当墙面展示及时反映儿童的兴趣点，符合儿童的学习水平时，儿童才会关注墙面展示的内容。同时他的实验发现，超过90%的5—12岁儿童虽然不能回忆以前的墙面展示内容，但是能重新体验到当时看到墙面展示时的情绪。因而他认为，墙面环境的内容应该从儿童的兴趣出发，儿童的情绪体验不仅可以加深儿童对于学习内容的记忆，也可以促进儿童的学习动机。[①]

墙面是教室环境布置的重头戏，是幼儿直接接触并能深刻感知的环境。本课题组在所观察的几十所农村幼儿园中，发现大部分班级墙面的创设都是以美观为主，很少渗透主题教育意义。许多农村幼儿园把环境布置定位在墙面画上，创设环境时，由教师先在活动室后面画一幅大篇幅的主题画，窗户两边再张贴两三幅篇幅小点的画（或用其他物品制作的动植物立体造型）（图4-1）。整个创设过程，教师是“演出”主角，幼儿只是个观众；一些幼儿园的环境创设有严重的小学化倾向，班级墙面上贴满了拼音识字挂图、数字算数挂图等（图4-2）；还有一些幼儿园虽然有主题，但不是主题与内容不符，就是还没有及时利用主题来增添内容（图4-3和图4-4）；此外，一些农村幼儿园的班级几乎无墙面环境的创设，或者很久不更新墙面（图4-5）。

图4-1 “无主题” 的墙面布置

① Collingford, C. Wall displays—children's reactions. Education3-13，1978（2），12-14.

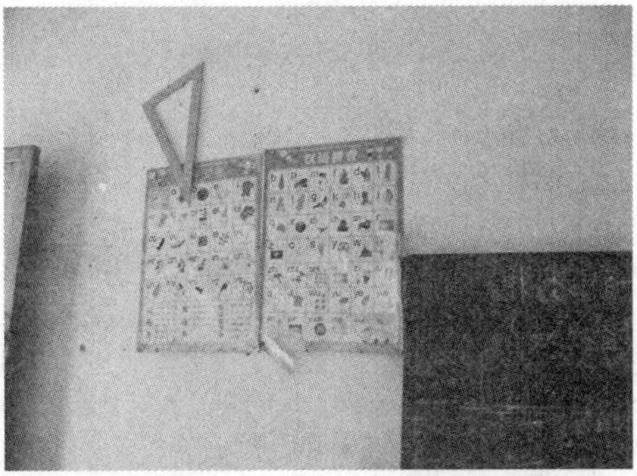

图 4-2 “小学化” 倾向的墙面布置

图 4-3 “主题与内容不符” 的墙面布置

图 4-4 没有添加内容的主题墙

图 4-5　无墙面环境创设

幼儿园班级墙面环境的创设应以一定的主题为中心。农村拥有丰富的乡土资源和独特的民俗文化，在进行环境创设时可以整合利用这部分资源。

首先，布置墙面要遵循幼儿的年龄特征及其身心发展规律。《幼儿园工作规程》指出："组织活动应根据不同的教育内容，充分利用周围环境的有利条件"，并且应"为幼儿提供充分活动的机会，注重活动的过程，促进每个幼儿在不同水平上得到发展。"不同年龄班的幼儿发展水平不同，因此环境应适合幼儿的年龄层次。与大班幼儿相比，小班幼儿处于直观、形象思维发展阶段，更多的是依靠具体实物或图片进行思维，环境创设应生动、形象、可爱。除此之外，小班幼儿刚刚进入幼儿园，来到一个相对陌生的环境，容易产生分离焦虑，班级墙面环境的内容应注重对幼儿心理和情绪上的安慰，让幼儿感觉到"班级就是一个温暖的家，老师就像是妈妈"。在图 4-6 中，墙面上悬挂着幼儿与教师、幼儿与爸爸妈妈的合影，能时刻给幼儿以安全感。

其次，要突出农村的乡土特色和民俗文化。陈鹤琴先生指出，大自然、大社会是我们的活教材，运用天然材料开展教育活动，可以让幼儿获得真实的感受。[①] 农村的幼儿有很多机会接触大自然和农作物，

① 陈鹤琴．陈鹤琴全集 [M]．南京：江苏教育出版社，2008：183.

在环境创设时应因地制宜、因势利导，将自然带入课堂。一些农村地区拥有丰富的民族特色文化，应充分利用这些宝贵的精神文化遗产，将它们融入到墙面设计中来。民族的才是世界的。班级墙面环境作为文化的一种承载体和呈现方式，应给予幼儿多样性的文化体验：视觉的、听觉的、触觉的；本民族的、各少数民族的等。[①] 例如，图 4-7 展示了动植物的生长过程；图 4-8 是一个瑶族幼儿园的墙面布置，充分体现了本民族的特色；图 4-9 展示了“56 个民族，56 朵花，56 个民族是一家”的形象。

图 4-6 小班——“温馨的家”

图 4-7 “动植物的生长过程” 主题墙

① 黄观菊．唱响乡土资源的主旋律：谈农村幼儿园环境创设中乡土资源的开发和利用 [J]. 时代教育（教育教学），2010（3）：250.

图 4-8　“瑶族特色”的主题墙

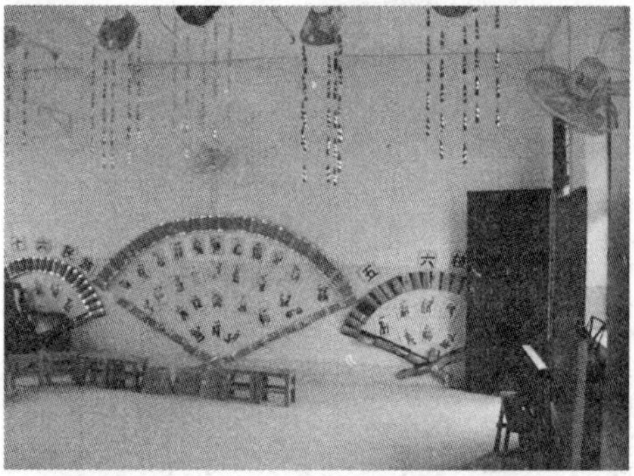

图 4-9　“56 个民族”主题墙

再次，墙面的布置可以以节日、季节等为主题，让幼儿动手参与。如图 4-10 所示，在教师节时，幼儿自己制作了贺卡、鲜花等手工来表

图 4-10　“教师节”主题墙

达对教师的爱意，教师把它们以主题的形式展示在墙上；图 4-11 的环境创设则是基于“中秋节”，主题墙不仅介绍了节日的由来，还展示了每个幼儿的作品，加深了幼儿对该节日的理解。

图 4-11　“中秋节”主题墙

最后，幼儿园还可以以幼儿作品、安全行为规范等内容为主题进行环境创设。图 4-12 创设的墙面环境介绍了一些安全图标和交通规则，引导幼儿在生活中懂得保护自己；图 4-13 介绍了一些礼仪规范，这些图标会在幼儿的生活中潜移默化地影响他们，时刻规范幼儿的行为；图 4-14 创设的墙面环境介绍了班级的一日活动流程，借此幼儿可以充分了解自己在园一天的活动，培养他们良好的秩序感；图 4-15 创设的墙面环境则是一个班级的礼仪评比活动，有助于规范幼儿礼仪，从小培养良好行为习惯。

图 4-12　“安全教育”主题墙

图 4-13　“礼仪规范”主题墙

图 4-14　“一日生活”主题墙

图 4-15　“礼仪评比”主题墙

（2）天花板

幼儿园的室内，除充分利用墙面外，还有一块重要的地方就是天花板。在进行顶面环境创设时，应把主题教育活动融合进去，配合墙面的装饰给幼儿以更好的视觉体验。例如，在进行季节的主题活动时，春天，教师可以和幼儿一起制作一些杨柳飘飘的树叶和飞翔的小燕子悬挂起来，营造一幅春意盎然的景色。秋天，可以悬挂一些纷纷扬扬飘落的树叶，金黄的稻谷，以及成熟的果实来提醒孩子收获的季节到了。冬天，可以制作一些雪花，将室内装饰成一片银白的世界。幼儿园同样也可以以节日为主题，在国庆节、圣诞节里都可以让幼儿制作相关的饰品，并将它们悬挂在室内。

农村幼儿园的顶面环境创设要有一定的教育意义。十二生肖、56个民族、传统的中国特色吊饰、地方特色文化等都可以成为顶面环境创设的内容。环境创设的内容要源于幼儿的日常生活，与幼儿的现有经验结合起来，这样才能最大化地调动幼儿参与的积极性。图4-16就通过吊饰向幼儿展示了辣椒的分类和有关辣椒的知识。图4-17展示的是幼儿自己手工制作的各种作品。幼儿的作品被教师展示在班级内，不仅会增强幼儿的自信，还会激发幼儿再次创作的热情。

图4-16　辣椒吊饰

图4-17　幼儿手工作品吊饰

（3）地面

地面的环境创设通常容易被忽视。在广东省农村幼儿园中，只有极少数幼儿园在此撒了一些“笔墨”。幼儿园的环境创设确实需要“三位一体”，交相呼应，但太过复杂的装饰也会让幼儿眼花缭乱，无法集中注意力。因此，地面的布置还是要以简洁、干净为主。行为指向是幼儿园进行地面设计时一个重要的标准。即地面环境的创设要促使幼儿发生教师所预期的行为，培养幼儿良好的行为习惯。图 4-18 和图 4-19 反映了幼儿喝水时要排队和拖鞋要在固定区域内摆放整齐的规则，目的是在潜移默化中，培养幼儿良好的行为习惯。

图 4-18　排队喝水的标志

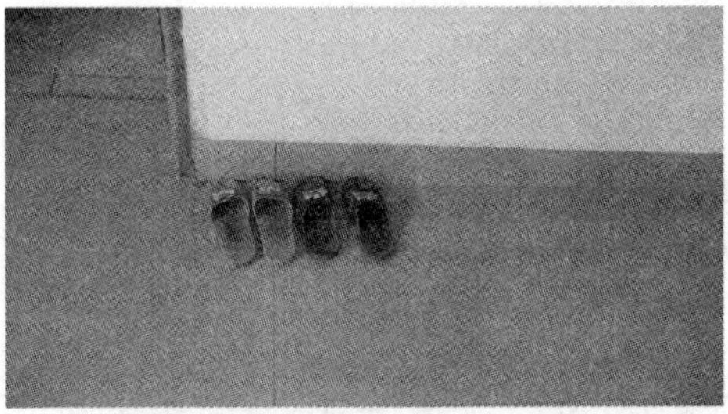

图 4-19　拖鞋摆放的标志

2．窗户：自然恩泽，人工点“睛”

窗户属于墙面的一部分，在进行环境布置时应和墙面、吊饰结合在一起，让幼儿体会到“主题”的教育意义。然而，现实中许多农村幼儿园会忽视窗户的设计，仅仅贴几幅卡通图片进行美化装饰。殊不知，这个教室的“眼睛”如果在教师的精心加工下，可能会产生意想不到的教育意义。

幼儿园可以利用窗户和窗台来创设自然角，为幼儿提供一个亲近自然、热爱自然的平台。室内的自然角应以幼儿观察、操作为主，窗台则以幼儿欣赏、感受为主。

此外，窗户还能成为教室的“涂鸦板”，幼儿可以利用这个工具来表达心情，抒发自己的创作热情（如图 4-20）。这一过程，既提高了幼儿的创造能力，又丰富了幼儿的审美体验。

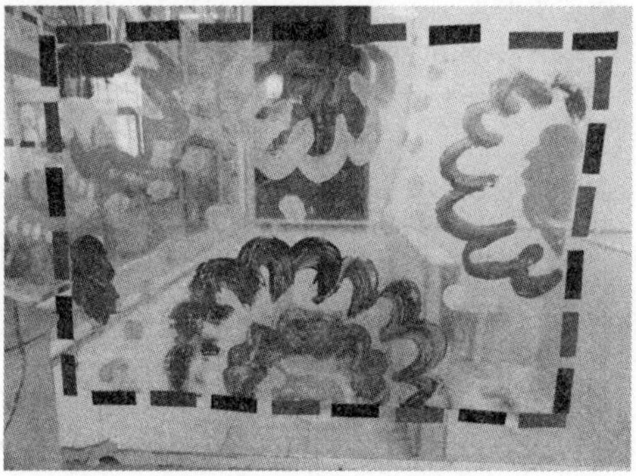

图 4-20　窗户涂鸦

（二）五大领域指导下的活动区与功能室创设要求

1．幼儿园五大领域的室内环境创设要求

幼儿园的教育包含健康、语言、社会、艺术、科学五大领域，这五大领域的教育内容涵盖在活动区以及功能室等一系列室内环境设计之中。幼儿园的环境创设具有整体性的特点，探讨各个领域与环境之间的关系，将领域教育的要求渗透在环境中，利用环境这双“无形的手”的渗透，促进幼儿的全面发展。因此，需先明晰幼儿园五大领域的特点与环境创设要求，再从活动区和功能室两个方面来丰富幼儿园的室内环境设计。

（1）健康领域

幼儿园健康教育旨在提高幼儿的健康认知水平，改善幼儿的健康态度，培养幼儿有益于健康的行为方式和习惯，从而促进幼儿的健康。健康教育具有如下特点：

第一，健康教育具有渗透性。幼儿健康行为的养成体现在一日生活的所有环节之中，这就意味着幼儿在幼儿园接受的健康教育会辐射到家庭、社区等幼儿生活的其他场所，家庭其他成员和社区人员的健康行为也有可能对幼儿的健康行为产生直接的影响。在幼儿园，健康教育除了专门的健康领域课程，还应渗透到日常生活、游戏以及其他教学活动中。

第二，健康教育具有养成性。幼儿园健康教育是以提高幼儿健康知识、改善幼儿健康态度、培养幼儿健康行为为目标的。但是，幼儿健康行为的养成并不是通过一次教学活动、一个游戏实现的，而是要通过长期巩固才能实现。这种延续性提醒我们，健康教育是一场“持久战”，在教育过程中不能操之过急，也不能放松警惕。

因此，幼儿园在进行健康教育的时候一定要注意以下几个方面的环境创设要求：

第一，任何环境的创设都要考虑健康领域的要求。例如，安全是所有环境都必须满足的首要条件。再如，图书区的光线要好，以保护幼儿的眼睛。

第二，环境创设要有一定的秩序感与稳定性。幼儿的健康行为是逐渐养成的，因而与幼儿密切接触的环境就是幼儿养成健康行为的监督者。例如，让幼儿养成使用进区卡进入游戏活动区游戏的习惯。再如，让幼儿养成正确的洗手习惯等。

第三，环境创设要有一定的引导性。幼儿的认知水平有限，不一定能理解所有的健康教育内容，所以幼儿园的环境一定要有引导性，不断提醒幼儿养成健康的行为习惯。例如，在午睡室中布置温馨的睡眠环境，提醒幼儿要保持安静。在活动区的地面上画几个小脚印，提示幼儿进入该区要脱鞋等。[①]

（2）语言领域

语言是人类重要的交际和思维工具。幼儿期是语言发展的关键期和最佳期，在这一时期，幼儿的听觉和言语器官的发育逐渐完善，在此期间如果能创造一个有利于幼儿发展的语言环境，幼儿就能自如地运用口语表达自己的愿望和情感。语言教育具有如下特点：

第一，语言教育具有应用性。幼儿园语言领域的教育目的是提高幼儿的语言运用能力。因此，教师要重视在一定的语言环境中发展幼儿实际的语言表达能力，引导幼儿学会倾听，敢于表达。

第二，语言教育具有整合性。幼儿学习语言往往和他们认识事物的过程相联系，语言领域同样需要和其他领域以及幼儿的一日生活结合起来。

第三，语言教育具有容错性。幼儿学习和掌握语音、词汇、句子都需要一个从无到有，从不理解到部分理解再到完全理解，从错误表达到正确表达的过程。在这个过程中，成人尤其是教师要有一种宽容的态度，不怕幼儿犯错，允许幼儿犯错。

第四，语言教育具有阶段性。幼儿掌握语言是一个连续发展的过程，也是一个从量变的积累到质变的过程。因此，教师首先要对幼儿的语言发展有一个清醒的认识，对于不同年龄段的幼儿教育也要有所侧重。

语言教育的以上特点要求教师在进行环境创设时要注意以下几个方面的内容：

第一，创设互动情境，为幼儿提供充分练习的机会。针对语言教育具有应用性的特点，教师应在真实的生活情境中为幼儿提供多种多样的学习语言的机会，使幼儿更好地运用语言获得新的生活经验。例如，教

① 袁爱玲．幼儿园教育环境创设 [M]．北京：高等教育出版社，2010：94．

师可以和幼儿交流一天的所见所闻，一同分享有趣的事情，引导幼儿谈谈对某件事的看法。

第二，根据语言教育整合性的特点，教师在进行环境创设时，要整合各领域和一日生活各环节，为幼儿创设富有情趣的语言环境。

第三，营造宽容、自由的话语氛围，对幼儿的语言学习做出积极的反馈。对于幼儿自发的言语交往不要过多限制，允许幼儿在自由游戏或等待的时间里自由交谈。此外，教师也不要将自己的看法作为标准，简单地否定幼儿的见解，要让幼儿敢于说话。

第四，创设环境要遵从语言教育中的年龄差异。例如，小班语言教育的重点任务就是培养幼儿正确发音，而到中班和大班，语言教育的重要任务是培养语言修养。我们要根据不同年龄段孩子的特点去创设环境。①

（3）社会领域

幼儿园的社会教育旨在为幼儿提供社会学习活动，在尊重幼儿生活，遵循幼儿社会性发展规律与特点的基础上，促进他们自我意识的形成。幼儿园社会教育具有以下特点：

第一，随机性。社会领域活动涉及幼儿自身、自己与他人、自己与环境之间的相互作用，它涉及幼儿的一切生活和交往。除了教师有目的、有计划的社会教育活动以外，幼儿的日常生活、自由活动、意外突发的事件以及其他领域的教育活动也涵盖了很多教育机会。

第二，针对性。幼儿园社会领域教育内容丰富，涉及面广，在选择内容时，往往需要针对具体的目标来取舍。同时，幼儿园社会领域教育的设计还要考虑到幼儿社会性发展的实际水平以及其所处的社会地域环境。比如在进行“交通工具”的教育主题时，可以将拖拉机、平板车、驴车等农村特有的工具作为对象，引导幼儿了解这些交通工具的使用方法。

① 袁爱玲．幼儿园教育环境创设 [M]．北京：高等教育出版社，2010：94.

第三，潜移默化性。幼儿的社会认知、社会情感和社会技能的形成需要一个过程，应该渗透在一日生活的各个环节之中。

第四，生活性。幼儿园社会领域教育的根本目的是发展幼儿适应日常生活并使之具备独立参与社会生活的能力。

了解了幼儿社会领域教育的特点后，教师在进行环境创设时，应注意以下几个方面的问题：

第一，创设一个安全卫生、舒适美观、丰富多彩、具有童心童趣的特色环境。安全、舒适、富有童趣的环境有助于幼儿萌生归属感，消除幼儿的不安情绪。

第二，创设一个结构合理的活动空间。活动空间的结构是否合理在很大程度上影响幼儿的社会性和发展。

第三，要有恰当的活动材料投放。活动材料的配置应能促进幼儿间积极地交往以及良好的社会性行为和情感的发生。

第四，要建立良好的人际关系。幼儿园中的人际关系包括教师与幼儿之间的关系，幼儿同伴之间的关系以及教师与教师之间的关系。①

（4）艺术领域

艺术是人们进行情感和思想交流的一种文化形式，也是人类精神活动的特殊形式。幼儿园艺术教育旨在通过音乐、美术等方面使幼儿欣赏自然美、社会美，陶冶幼儿的审美情趣，满足幼儿表达和创造的需要，培养幼儿表现美、欣赏美的能力。幼儿园艺术教育具有以下几个特点：

第一，艺术教育具有情感性。艺术教育中蕴藏着强烈的感情因素，能引起幼儿的情感共鸣，达到“以情动人”的教育效果。

第二，艺术具有创造性。艺术是最富创造性的领域，艺术教育重在培养创造性思维，让幼儿富有个性的才华得到发挥是艺术教育所追求的目标之一。

① 袁爱玲．幼儿园教育环境创设 [M]．北京：高等教育出版社，2010：124.

第三，艺术具有愉悦性。人们用艺术抒发情感，用艺术愉悦生活，艺术常常通过美的形象和令人愉悦的形式，潜移默化地感染人们。幼儿不拘一格的绘画、自编的歌词、兴高采烈的手舞足蹈，都是富有个性的创意。他们通过这些艺术活动，表现了心灵美、自然美，而且幼儿在一系列创作、表演过程中会获得前所未有的成功感和自信心，这也是愉悦和满足的源泉。

第四，艺术活动具有操作性。艺术活动往往是一种手、眼、脑、口等多感官并用的，把自己的想象和外界收到的信息转化成自己的心理印象，再用一定的艺术形式表现出来的操作活动。

针对艺术教育以上的特点，在进行环境创设时应注意以下几个方面：

第一，为幼儿创造充满感情色彩的环境。一方面，教师要为幼儿创设宽松、愉快的心理环境，让幼儿在身心最佳状态下，体验自我情感表达和与他人情感沟通的愉悦；另一方面，教师要引导幼儿用多种感官观察、感受艺术作品和周围环境中事物的审美特征，提高幼儿的审美感知能力。因此，教师对活动室内外的布置、各活动区角的创设应尽量做到和谐优美、造型生动、色彩鲜明，符合幼儿的审美情趣。

第二，创设激励创造的环境氛围，提供适宜进行创造的艺术活动机会和物质条件。心理学家研究表明，当幼儿产生了心理安全感时，最有利于创新意识的产生。因此，教师要允许幼儿自由表达、自由创造，鼓励幼儿独立自由的创作。另外，丰富的物质材料可以激发幼儿创造的欲望，因此，教师应尽可能为幼儿提供丰富多样的便于开展艺术活动的材料。

第三，创设一个愉悦的艺术环境。首先要注重保护幼儿的艺术兴致，尽可能为幼儿创设参与艺术活动的条件。其次，要注重形成教师与幼儿的情感共鸣。在艺术教育过程中，教师要以饱满的热情，利用艺术的魅力吸引、感染幼儿自觉自愿、积极主动、富有创造性地参与艺术活动。艺术教育重在体验的过程，不在于结果。教师应当引导幼儿关注自己的内心，注重情感的表达。

（5）科学领域

幼儿具有天生的好奇心与创造力，他们对周围世界充满着好奇，表现出渴望认识周围世界和学习科学的需要。幼儿园科学教育旨在通过教师的引导，激发幼儿主动进行科学探索，感受和体验科学精神，通过与周围环境的相互作用获得有关物质世界及其关系的认识和经验。科学教育具有如下特点：

第一，科学教育具有广泛性的特征。科学教育的内容是无限丰富而广泛的，涉及很多自然科学学科。幼儿的科学探索遍及科学的各个方面：太阳的升落、花儿的颜色、灭绝的恐龙、飞机的秘密、植物的成长，等等。

第二，科学教育具有逻辑性。自然界中各种自然现象之间存在的关联性和因果性是幼儿探索的逻辑性知识；数学知识所反映的事物之间的抽象的数、量、形关系，也是幼儿要探索的逻辑知识。

第三，科学教育还具有探究性。可以说，没有探究就没有真正的科学。科学方法的掌握、科学精神的领悟都贯穿于科学探究的始终。科学本身具有的探究性决定了探究是幼儿科学教育的基本方法。

针对科学教育的特点，进行环境创设时应注意以下几点：

第一，创设适宜进行探索的物质环境。在幼儿园中，教师可以根据班级和园内的实际情况，布置植物角、动物角、科学发现室等可供幼儿进行探索的环境。

第二，要营造一个安全的心理氛围。安全的心理氛围包括自由、民主、积极的情感互动。在这样的情感互动中，幼儿更多体会到安全、宽容、接纳、信心与勇气，更能产生好奇心与探索行为。

第三，提供适于幼儿探究的有意义的活动材料。首先，材料应该是能激起幼儿探究兴趣并适合幼儿的年龄特点。其次，要提供一些开放性的材料，具有多种可能玩法的材料，可以让幼儿用不同的方式进行探究。最后，教师要注意材料的“量”与“质”。材料的充足与否直接影响到幼儿探索过程的进行，而安全性则是切合了健康领域的要求，避免幼儿在使用，操作材料的过程中对身体造成伤害。

2．五大领域指导下的活动区创设要求

活动区是指教育者根据幼儿的兴趣和能力，将活动室的空间划分为不同的活动区域，并在活动区中投放具有教育意义的活动材料，让幼儿自主选择活动区，自主选择活动材料和活动类型。在区域活动中，幼儿更多地通过与材料的互动获得认知、情感、交往等方面的发展。在我国农村幼儿园中，教室内常见的活动区主要有语言区、数学区、美工区、角色扮演区、阅读区、科学区等。但是囿于条件的限制，幼儿园“有名无实”的活动区并没有起到应有的教育作用。因此，基于农村地区独特的特点来探讨怎样既经济又有效地设置班级活动区域，给孩子们提供一个健康快乐的成长环境是极为重要的。

（1）美工区

美工区是让幼儿进行美术和手工创作的活动区。它是在艺术、社会、健康等领域指导下的重要活动区域。美工区不仅可以培养幼儿的艺术素养，还能使幼儿在相互合作中促进社会性的发展。美工区的位置应该接近水源，阳光充足，可以与角色扮演区临近。美工区的作品可以贴在墙上，或者用夹子夹在绳子上，一些手工作品（如风铃、贺卡等）还可以挂在天花板上，也可以作为活动区之间的分割物。当孩子们看到自己的作品在教室内展览时，便会有一种深深的自豪感，从而激发他们再次创作的兴趣。

碍于农村经济条件限制，为幼儿购买过多的操作材料会占用很多经费。但幼儿园可以充分挖掘自己的乡土资源和现有材料，创设一个独具特色、与众不同的美工世界。例如，一些乡镇柳编盛行，可以用柳条编成各种小筐、小篮子、小推车等，用来盛放物品；还可利用玉米粒、大豆、红豆、绿豆等粘贴成地图或各种小动物的形象。[①] 农村自然资源具有低结构、多功能、挑战层次多的特点，一种材料往往蕴含着促进幼儿发展的多项价值。例如，麦秆，在手工区可以用来编戒指、帘子，在益智区可以用来玩拣小棒的游戏，在建构区可以用来搭建拼摆。再如，树叶，小班幼儿可以用来学习分类，中班幼儿可以用来做拓印画，大班幼儿可以用来进行创意粘贴。还可以用各色布头制作人物、动物、花草等，用瓶盖、圆形木块、酒盒、饮料瓶制作小火车等。[②] 图 4-21、图 4-22 和图 4-23 就很好地反映了乡土资源和现有材料的价值，也充分地证明了没有无价值的环境。

图 4-21　利用废旧物品的美工区

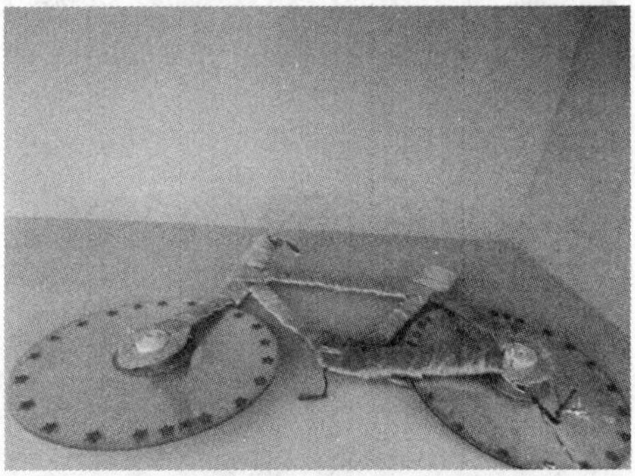

图 4-22　废旧光盘自行车

① 周莹莹．农村幼儿园特色环境创设探究 [J]．中国现代教育装备，2013（20）：71-72．

② 周娥．浅谈农村幼儿园环境创设 [J]．学周刊，2014（1）：219．

图 4-23　创意玻璃瓶

（2）角色扮演区

角色扮演区是让幼儿进行角色扮演游戏的活动区，角色扮演区包括餐厅、超市、医院、娃娃家等，与幼儿的日常生活联系较为紧密。该区域往往需要较大的空间。此外，扮演角色时幼儿常常会走来走去，大声交谈，因而要远离安静的区域，如阅读区。

在小班的角色扮演区中，最常见的莫过于“娃娃家”了。对于刚入园的幼儿来说，照顾“娃娃”，和“娃娃”在一起玩能有效地帮助他们减轻分离焦虑，而且在这个过程中还有助于幼儿社会性的培养（如图 4-24）。对于中班和大班幼儿，可以设置商店、超市、医院等幼儿熟悉的场景。在农村，商品交易最为热闹的地方莫过于集市了，大多数幼

图 4-24　温馨的娃娃家

儿都有过集市购物的经历。因此，农村还可开设独具特色的区角活动——集市，既满足农村幼儿参与成人交易活动的欲望，又发展幼儿的社会交往能力。教师还可以和幼儿一起利用废旧物品在活动中自制“商品”，如农具、粮食、瓜果、蔬菜等。

（3）科学区

科学区是幼儿进行科学探索的活动区。探索的内容包括动植物、物理现象、化学现象等，幼儿通过观察和实验，发现问题、提出问题和解决问题。科学区应位于安静和阳光充足的地方，有利于幼儿进行观察和探索，可以与图书区临近。[①]

科学区可以准备一些常见的材料如望远镜、地球仪、人体模型、磁铁、放大镜、海绵、吸管、天平、测量工具、杯子、勺子、镜子、漏斗、电池、地图等。如图 4-25 所示，一个幼儿园利用废旧物品做成了各种科学小仪器，供幼儿探索。

图 4-25　材料丰富的科学区

（4）语言区

语言区是通过创设丰富的语言环境，激发幼儿语言表达与运用的兴趣，提高幼儿语言表达能力的区域。在语言区内，幼儿可以进行阅读、听故事、朗诵、演讲等活动。语言区应该设置在较安静的地方，可以与图书区临近。[②] 在大部分农村幼儿园里，教师都把语言区看做是学拼

① 袁爱玲. 幼儿园教育环境创设 [M]. 北京：高等教育出版社，2010：185.

② 袁爱玲. 幼儿园教育环境创设 [M]. 北京：高等教育出版社，2010：190.

音、识字的区域。因此，许多语言区域形同虚设，幼儿不感兴趣，也从不光顾（如图 4–26）。

图 4–26　无人光顾的语言区

在语言区内，教师可以准备一些汉字卡片，如把一个“李”字卡片，剪成“木”和“子”两张卡片，让幼儿找到这两张卡片组合在一起，增加认识汉字的趣味性。教师还可以准备一些小动物的卡通头像，让幼儿戴在头上，相互编故事进行表演，锻炼他们的合作能力及表达能力。

（5）图书区

图书区是幼儿进行阅读的活动区域（图 4–27）。在这里，幼儿可以

图 4–27　图书区

阅读图书，一起讨论图书的内容，培养幼儿对画面和文字的理解能力，培养幼儿的阅读兴趣。图书区应位于光线充足和安静的地方，可以临近科学区。图书区的环境应该是温馨舒服的，可以设置一张大圆桌子或沙发，也可以铺上地毯，让幼儿坐在地毯上进行阅读。①

农村幼儿园阅读材料以文学故事类和绘画类为主，科普知识类和社会生活类等相对较少。因此，农村幼儿园的阅读材料在数量上要不断增多，种类上要不断丰富。针对幼儿园资金有限的现实情况，可以加强园园合作、家园合作。园与园之间图书交互使用，使图书发挥更大的价值；多和家长交流，鼓励幼儿从家里带书到幼儿园，幼儿之间互相交换阅读。

（6）音乐区

音乐区是通过音乐元素的运用和音乐氛围的营造来引导幼儿欣赏音乐作品，表达情绪，进行音乐表演和创作的区域。由于音乐区发出的声音比较大，应远离其他区角，也可单独设置功能室，以免干扰其他活动区的活动。

在音乐区，教师可以准备鼓、三角铁、铃鼓、口琴、摇铃、木鱼、电子琴、沙锤等道具，并引导幼儿使用道具进行音乐表演活动。同时，一些自然材料也是进行音乐活动的绝佳工具。例如，树枝、沙子、石头、木块等都可以用来演奏音乐。

（7）建构区

建构区是让幼儿操作积木的活动区。在这里，幼儿能利用积木自由地进行建构和组合。建构区的位置应该远离主静的活动区，并需要较大的空间。可以与角色扮演区临近。② 在建构区，幼儿通过动手操作锻炼了思维能力，并且在同伴合作中发展了社会性行为。建构区需要为幼儿提供丰富的操作材料（如图 4-28），让他们尽情发挥自己的想象力。

① 袁爱玲．幼儿园教育环境创设 [M]．北京：高等教育出版社，2010：194.

② 袁爱玲．幼儿园教育环境创设 [M]．北京：高等教育出版社，2010：194.

图 4-28　“拼拼搭搭” 的建构区

3．五大领域指导下的功能室创设要求

（1）盥洗室：干净卫生，整洁有序

盥洗室是教室内必备的一个功能室，和幼儿的身体健康息息相关。然而很多农村幼儿园会忽视盥洗室的环境创设，卫生不达标、男女混厕等现象屡见不鲜。干净卫生是对幼儿园盥洗室的基本要求。盥洗室要定时打扫、消毒，还要保证盥洗室通风、无异味。在环境布置上，幼儿园可以在墙面贴一些卫生标语，给幼儿一个良好的行为指向。例如，图 4-29、图 4-30，在墙面上贴了正确的洗手方式，以及一些珍惜水资源的用语，不仅可以培养幼儿良好的卫生习惯，还有助于幼儿养成珍惜水资源的良好品德。

图 4-29　“正确洗手方法”的标志

图 4-30 “节约用水”标志

（2）午睡室：舒适睡眠，助力成长

午睡室是幼儿园环境的重要组成部分。但是，只有一小部分幼儿园为幼儿提供了午睡室，大部分的幼儿园都是将教室“一室两用”，既做教育活动场所，也用于幼儿的午休。基于场地和经济条件的限制，要求每个幼儿园都配备午睡室也是不现实的，但是在利用教室的时候，要保障幼儿的安全。本课题组在调查研究中发现，一些幼儿园将桌子作为幼儿午睡的“床”（如图 4-31），没有枕头，没有隔离物，幼儿很容易在午睡过程中摔落到地上，还有一些幼儿睡在地上，这显然都不利于幼儿的身体健康。此外，一些幼儿园让幼儿睡在排列拥挤的上下铺上（如图 4-32），这种床虽能节省空间，但极不安全。首先，幼儿在上床下床时很危险，存在摔下来的隐患。其次，发生紧急情况时，幼儿不便及时撤离。

图 4-31 “书桌床”

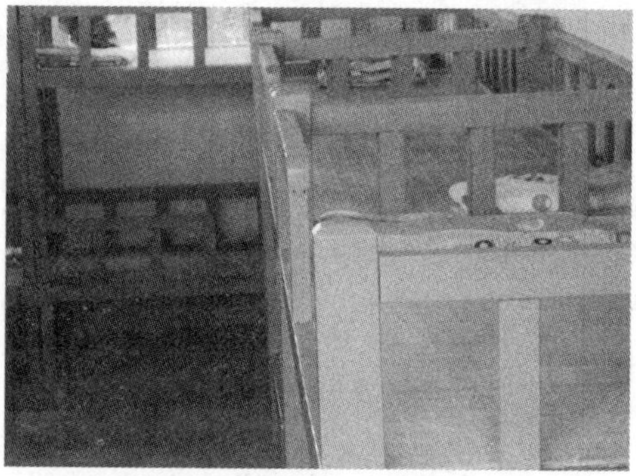

图 4-32 上下铺

在布置幼儿午睡室时，幼儿园要考虑以下三个问题：首先，要保障幼儿有一个安全的睡眠环境。其次，幼儿午睡室设计应注重自然光照，应选择采光好的位置，阳光充足有利于幼儿的身心成长。再次，幼儿居住空间布局需合理，所谓布局合理主要是动静分区、洁污分区、公私分区。有经济条件的幼儿园可以购买幼儿专用的“午睡床板”（如图 4-33），进行教育活动时将床板摞起来放到一角，午睡的时候再将床板铺开。这样不仅节省了空间和费用，同时也保障了幼儿的睡眠环境。

图 4-33 午睡床板

（3）阅读室：汲取知识，茁壮成长

阅读环境是一种氛围，它客观存在于幼儿生活的每一个空间，并以独特的暗示、耳濡目染的方式，影响生理和心理都处于迅速发育发展中的幼儿。农村地区幼儿园的阅读室存在一系列问题，如幼儿园对图书角阅读材料并不重视；资金投入少，幼儿园仅提供与教学活动相关的图书，不能提供给幼儿自主阅读的其他图书；阅读材料种类较少，农村幼儿园阅读材料以文学故事类和绘画类为主，科普知识类和社会生活类等相对较少。

阅读室的环境创设应该结合语言领域的目标，为幼儿创设一个宽松自由、具有浓厚阅读氛围的环境。同时，教师要为幼儿树立良好的阅读榜样，向幼儿讲述图书中的动人故事，适时播放一些轻音乐等。在阅读过程中，要求幼儿安静看书，低声交流等。如图 4-34 所示，阅读室为孩子们准备了柔软的垫子、舒适的座椅、适合幼儿身高的书架等。

图 4-34　温馨的阅读室

（4）美工室：我的世界，我来创造

美工室旨在发展幼儿的创造力和艺术情感。农村幼儿园在进行环境创设时要注意扬长避短，充分发挥农村的自然条件优势，少花钱多办事，充分挖掘当地的自然资源，利用自然物装饰美工室。如用玉米粒、黄豆、红豆、绿豆等粘贴地图或各种小动物的形象；采集秋天的落叶加工成标本，或拼剪成各种图案；用橘子皮做成菊花；

用各种蔬菜和水果进行造型，变成一个个有趣的动物；成段的玉米秸，可以做建构材料，铺路轨、搭建房子等。这样既美化了环境，提高了幼儿的动手动脑能力，又培养了幼儿关心环境、保护环境的情感。①

此外，一种材料往往蕴含着促进幼儿发展的多项价值。如前面提到的麦秆，在手工区可以用来编戒指、帘子（如图 4-35），在建构区可以用来搭建拼摆。孩子在一物多用、一物多玩中充分体验想象和创造的乐趣。对于农村常见的树叶，小班孩子用来练习分类，中班孩子可以用来做拓印画（如图 4-36），大班孩子用来进行创意粘贴。教师将幼儿作品粘贴在主题墙或活动室内，供幼儿观赏的同时也能促进他们的个性发展。比如瓶盖、废旧光盘，巧手的孩子用来做成表情娃娃，各种小动物；奔放型的孩子用来做车轮，制成各种各样的车。如用饮料瓶、各色布头可以制作人物、动物、花草等，用瓶盖、圆形木块、酒盒、饮料瓶可以制作成小火车、各种货车，也可以搭建成各式各样的房子，发挥了幼儿的想象力和创造力。材料使用后，教师还可以续发挥它的价值，把它们装饰在窗台等地方，真正做到低成本，高效能。

图 4-35　麦秆装饰作品

① 周莹莹．农村幼儿园特色环境创设探究 [J]．中国现代教育装备，2013（20）：71-72.

图 4-36　树叶拓印画

二、农村幼儿园室外环境创设

室外与室内相比，是另一番广阔的天地：枝繁叶茂的大树，波光粼粼的小河，雨后散发的泥土香味，大型的滑梯，精心设计的跑道，奔跑后供休息的休闲区等。室外环境既有自然环境的和谐，又有人工环境的雕琢，是两者的和谐共生。在进行室外环境创设时，需要巧妙地借助自然资源，营造适合幼儿活动的室外环境。

室外是一个能够让幼儿接触自然、自由奔跑、尽情游戏的地方。陶行知先生曾提出“六大解放”：解放头脑、解放眼睛、解放嘴巴、解放双手、解放时间和解放空间，而室外环境能最大限度地实现幼儿的解放。

下面结合农村幼儿园的实际情况，从门、大厅、楼梯、走廊、户外活动区和幼儿园外墙六个方面来论述室外环境创设的要求。

（一）门

门是建筑物中不可缺少的部分，主要起到交通和疏散、采光和通风的作用。幼儿园的门除了上述功能外，还连接了室外和室内、园外和园内的世界，有必要让幼儿从门开始就愉快地接触和了解门后的世界。

农村幼儿园比较重视墙面环境的布置，但往往会忽略门的创设。如

图4-37和图4-38所示，单调、坚硬的门，没有一点环境的加工，会给教师和幼儿带来一种压抑的感觉。

图4-37　单调的木门

图4-38　光秃秃的钢质门

1．门的选择

幼儿园常见的门有木门、钢制的门、玻璃门等。玻璃门和木门、钢制门相比，具有透过温暖的阳光扩展幼儿视野的功能，但造价较高。幼儿园可以根据自己的需要，对门进行合理选择。

2．门的环境创设

幼儿园的门一共有三类：班级教室的门、功能室的门和幼儿园大门。

（1）班级教室的门

对幼儿而言，对自己班级的教室和其他班级的教室的感情是不一样的。班级是给幼儿安全感的地方，能让幼儿找到归属感。幼儿在成长过程中，经常会对陌生的环境有恐惧感，温馨的环境利于帮助幼儿克服恐惧感。在幼儿园的环境创设中，要为幼儿提供熟悉常见的，与生活环境比较接近的环境布置，使幼儿对新环境消除陌生感，为孩子提供的环境装饰要营造出“家”的氛围。只有这样才能够提高幼儿对幼儿园的亲切感，让幼儿在温馨的氛围中快乐成长，尽快适应幼儿园生活。[①] 所以从看到门的那一刻，就给幼儿营造一个温暖如家的氛围是十分重要的。

玻璃门应尽量在幼儿能够平视的地方留白，不要用粘贴的东西挡住幼儿的视线。在对幼儿园的门进行装饰时，应从幼儿的视野范围内即门的中下方开始，这样既能让幼儿欣赏到美丽的门，也避免幼儿通过门时蹭掉或者毁坏门的装饰而要经常更换或修整。

幼儿园的班级可以选择一些有趣的名字，例如，苹果班、草莓班、樱桃班，根据班级的名字来进行门的创设也是很有意义的。如要创设苹果班，可以在门上贴一颗苹果树，贴上苹果的贴纸，或者让家长和幼儿制作专属的苹果画。幼儿挑选自己的照片，亲自贴在自己的苹果贴纸上，苹果班的“全家福”就“新鲜出炉”了。鲜艳的颜色和活泼的设计能获得幼儿的喜爱，而且有了教师、家长和幼儿的共同参与，幼儿更能感受到家的温馨，会更加珍惜苹果班的一切，正如陈鹤琴先生指出的：“通过儿童的思想和双手布置的环境，可使他对环境中的事物更加认识，也更加爱护。”

（2）功能室的门

幼儿园的功能室通常包括盥洗室、午睡室、图书室、科学室、音乐室、美术室等。每一个功能室都是一个精彩各异的世界，可以通过门的创设，突出每个功能室的特色，而不是千篇一律，用一个光秃秃的门牌来表示。

① 刘洪岩. 探索新时期幼儿园的环境创设 [J]. 齐齐哈尔师范高等专科学校学报，2011（3）：32-33.

首先，要明确每个功能室的特点。例如，图书室需要安静舒心的阅读环境，科学室需要好奇、探索、研究的品质。

其次，根据功能室的特点进行门的创设。门就相当于功能室的“脸面”，通过门让幼儿了解这个功能室的功用。例如，图书室需要营造一个浓郁的读书氛围，在门上画上或者贴上两个专心致志阅读的小朋友，在画的旁边附上“一起快乐阅读吧”或者“开心阅读，从这里开始”等标语。再如，科学室的门可以贴两个“好奇宝宝”观察地球仪的图片。通过门的色彩和形式等的创设，让幼儿从门开始，就进入一个不一样的世界。

（3）幼儿园大门

农村幼儿园的大门一般上是如图 4-39 一样的铁门，该设计未能突出幼儿园本身活泼、灵动的特点，有种被铁栅栏围住的感觉，可以进行以下改造：

图 4-39　铁栅栏围住的幼儿园

一是大门两侧的两根柱子的创设。柱子选用明亮的颜色，用坚实的材料将本身单调的柱子改造成树、卡通铅笔等形状。或选用幼儿喜爱的动物来作为铁门旁边的装饰。

二是铁门的创设。当门两侧的柱子单调但又无法改造时，可以在铁门上粘上色彩明快的木质或者铁质的卡通动物、开心奔跑的孩子等，因为幼儿园的大门不需要像其他环境一样突出变化性，所以尽量选择牢固和耐用的材料。

柱子和铁门本身可以择其一进行创设，两者都创设反而会显得杂乱，对幼儿来说这样的环境有可能成为“视觉污染”。

（二）大厅

幼儿园大厅属于公共的区域范围，过往人员多，是一个传达幼儿园文化和理念的好地方，应该整洁有序、简约大方，又不失活泼。装饰应以单色调为主，统一风格，突出主题，以免混乱。同时，可以在醒目的地方张贴幼儿园近期重大活动或者注意事项，还可以展示幼儿风采、教师风采（图 4-40）、幼儿园发展规划、幼儿食谱（图 4-41）等，便于家长了解幼儿园和教师的情况，促进家园合作。

图 4-40　教师风采展示

图 4-41　幼儿营养食谱

（三）楼梯

农村幼儿园楼梯的材料一般是水泥的，部分楼梯也会贴上瓷砖。幼儿园的楼梯首先要做好防滑处理。其次，幼儿迈步的幅度小于成人，每阶台阶的高度以 0.13 ～ 0.14 m 为宜，扶手要进行双层处理。

1．台阶：一边走一边学

图 4-42 仅仅是简单的水泥台阶，没有进行任何的环境创设，既浪费了空间资源，也不能对幼儿的成长产生积极的作用。图 4-43 相比之下就丰富了一些，用水果的图片和英文单词一一对应，使得语言与环境密切相关，创设这样一个良好的视觉环境，幼儿可以一边上台阶，一边潜移默化地学习。

图 4-42　“零创设”的台阶

图 4-43　“英语”台阶

对台阶进行环境创设时，选择数字和英文单词一一对应也是不错的方法。台阶从下到上依次是 1—10 的阿拉伯数字，分别对应 1—10 的英文单词。这样在环境中就同时渗透了数学和语言两个方面的内容，在幼儿上台阶时，教师就可以有意识地带领幼儿学习，并用物体的多少使幼儿明白数字的真正含义。

同时，为了让幼儿上下楼梯注意安全，掌握靠右行走的规则，通常在楼梯的两侧贴上下楼梯的小脚丫，像图 4-44，但它只能算是个“半成品”，应该每一个台阶上都贴上脚丫，而不是象征性地贴两个。

图 4-44　“未完成的” 台阶

2．楼梯墙面：特色文化“巧”进园

我国幼儿园楼梯墙面环境的创设由来已久，随着教育改革的发展，人们对于墙面环境的认识不断深入，“墙面环境创设”的概念也在不断发展。从一开始的“墙面装饰”，到“墙面布置”，再到“墙面环境创设”，这当中概念的发展意味着内涵的发展。[①] 所以对墙面的创设，装饰美化功能是其次的，更重要的是教育功能。在墙面创设过程中，应凸显教师、幼儿和家长共同参与的主体价值。

乡村文化源远流长，每个地区都有自己的特色。岭南地区有潮汕文化、客家文化、侨乡文化，有禾楼舞、麒麟舞等民间舞；陕北地区有冬暖夏凉的窑洞、有粗犷豪迈的陕北民歌；东北地区有热情的东北秧歌，有惊艳绝伦的冰雕。作为教师，要善于发现当地文化的精髓，并巧妙地

① 管倚．幼儿园墙面环境创设及其教育功能的研究 [D]．上海：华东师范大学，2005．

与幼儿园的实际情况相结合，设计出令幼儿喜爱，并能宣传本地文化的环境。在创设楼梯环境时，有以下两点需要注意：

一是文字介绍应简单明了。楼梯是一个供人上下的通道，若要进行文字介绍，一定要简洁，抓住关键内容，长时间逗留在楼梯上有可能会阻碍他人，造成拥堵。

二是墙面彩绘。如图 4-45 所示，楼梯的墙面上由教师精心描绘了幼儿熟知的《白雪公主和七个小矮人》的故事，虽然色彩和内容在一定程度上是适合幼儿的，但它较多关注艺术性、欣赏性，而且创设过程完全是教师主导，幼儿缺乏与环境的良好互动。所以，对幼儿来说，这样的环境可能会引起一时的兴趣，但一个学期或者更长的时间面对同一个环境，幼儿会对此环境熟视无睹。另外，创设这些图画需要花费很多的人力和物力，更换更是一项巨大的工程。不少农村幼儿园基本不更换，刺激缺乏变化性、丰富性，这与幼儿的年龄特点和需要显然是不适合的。

图 4-45　彩绘墙

以往的环境创设，墙面环境大都是由教师设计，然后贴上一部分孩子作品，只求墙面的精致、美观、完整，目的是为了美化环境。教师只根据自己的意愿，花费大量的人力和财力，为完成领导布置的任务而装饰，忽视了幼儿的参与性和对幼儿的教育作用。现在的墙面环境创设要考虑到与幼儿互动，孩子们能在一起寻找、探索、操作和记录，以增进幼儿之间的交流、合作和分享。[①] 所以教师和幼儿可以一起去发现当地的文化特色，然后决定用什么样的方式进行展示和学习。

传统的编织工艺有着悠久的历史，凝结着劳动人民辛勤劳动的结晶。很多村民都掌握了这一技艺。可以家园合作，由家长提供编织的席子、扇子、筐等，幼儿和教师一起在编织的物品上作画或者贴上纸画，在墙上进行主题展览，比如海底世界、美丽的花园、有趣的动物园等，可以将这些扇子、筐等挂在绳网或者铁丝网上，方便更换。

作为教师，要有一双善于发现的眼睛，因地制宜地利用身边的资源，将被忽视的当地风俗文化进行再创造，带入幼儿园进行分享，创设最适合当地幼儿园的环境。

（四）走廊

幼儿园走廊是幼儿园环境的重要组成部分，是室外场地和室内环境的通道，是幼儿每天都必须接触和经过的场所，它同样肩负教育功能的职责。[②] 走廊一定要保持畅通无阻，方便通行，还要考虑墙壁的颜色。根据实验心理学的研究，人随着年龄的变化，生理结构也发生变化，色彩所产生的心理影响随之变化。有人做过统计：儿童大多喜爱极鲜艳的颜色，这是因为儿童刚走入这个大千世界，脑子一片空白，对他们来说，神经细胞产生得快，补充得快，对一切都有新鲜感。他们需要简单的、新鲜的、强烈刺激的色彩。[③] 所以走廊的整体的色彩需要适合幼儿年龄特点。

1．幼儿成果展示：通向成长的长廊

每个班可以在自己班级外面的走廊展示幼儿的“一百种语言”：绘

① 黄树美．幼儿园墙壁环境的创设 [J]．山东教育，2008（9）：33．

② 谢春姣，郑三元．浅谈幼儿园走廊环境的功能及其创设原则 [J]．科教文汇（下旬刊），2008（2）：60．

③ 朗德森，孟鸿．色彩心理学 [M]．北京：大众文艺出版社，2010：12．

画作品、活动照片、泥塑作品等，让墙壁成为幼儿成长的一个记录。

（1）制作成果展示墙

在幼儿园将幼儿的作品贴在墙上进行展示是比较常见的方法，但是这样不利于保存幼儿的作品，撕下来后很可能会损坏。在墙壁上固定好透明的文件袋，每个幼儿一个，在文件袋的一角贴上幼儿的一寸照片或写上名字，这样幼儿的作品既可以展示，也方便保存。这种成果展示的方法经济实用，很适合农村的幼儿园。

（2）变废为宝

在农村教育资源匮乏的情况下，将废弃的材料进行创造性的再利用不失为一个好方法。将各种服饰的包装袋或硬挂历纸裁剪成同样宽窄的纸条，经过穿插、编织作为墙饰衬底，幼儿用曲别针可以轻松地把自己的作品别到编织衬底的缝隙中[①]。这样既解决了资源不足的问题，幼儿也能轻松参与环境创设的过程中，是一举两得的事情。

在走廊上展示幼儿的成果，不仅能得到幼儿的喜爱，而且能让家长看到幼儿的进步，从而促进家长对幼儿园的理解和帮助。

2．家园合作方式：走向联合的平台

家园合作是指幼儿园和家庭（社区）都把自己当做促进儿童发展的主体，双方积极主动地相互了解、相互配合、相互支持，通过幼儿园特别是幼儿家长的参与、双向互动共同促进儿童的全面发展。[②] 陈鹤琴先生说过："幼稚教育是一种很复杂的事情，不是家庭一方面可以单独胜任的，也不是幼稚园一方面可以单独胜任的，必定要两方面共同合作方能得到充分的功效。"在农村现阶段，家园合作的广度和深度都有所欠缺，利用好幼儿园走廊这个公共环境进行家园合作是很有必要的。

在班级门口的墙壁上设立"家长园地"的版块，利用泡沫板作为衬

① 沈芝莲，郭士桓．农村幼儿园环境创设与玩教具制作 [M]．北京：人民教育出版社，2009：61.

② 张韵．幼儿园家园合作现状研究 [D]．重庆：西南大学，2009：13.

底，用小钉子可以轻松地将纸张钉在泡沫板上。在“家长园地”里，可以将幼儿园的通知、育儿知识、季节性的注意事项等打印好贴在家长园地里，家长接送孩子的时候就可以随时阅读了。

3. 特色布置：一“园”一世界

世界上没有两片完全相同的树叶，瑞吉欧的教育者也谈到瑞吉欧教育是不可复制的，所以每个幼儿园需要因地制宜地结合当地的实际情况和本园的特点来创设属于自己的环境。

（1）走廊墙壁——有主题的世界

幼儿园主题活动的环境创设及环境的教育意义已成为现代教育的重要组成部分，幼儿在幼儿园有目的、有计划、有组织的主题活动环境创设中，形成对周围世界系统的、有组织的认识，从而促进幼儿的身心向着健康的方向发展。[①] 所以幼儿园在进行环境创设时要摒弃随意性，在走廊墙壁的创设时可以选择一个主题，有针对性地开展。例如，教师和幼儿可以在户外活动时捡一些树叶，或者请家长和幼儿共同寻找一些树叶。先将树叶清洗干净，可以用树叶作画，也可以裁剪拼画，也可以对树叶进行分类……根据幼儿不同年龄段选择难易不同的方式，制作好后，在墙壁上进行展示。

（2）吊饰——头上也有风景

教师在设计走廊吊饰时要从幼儿审美情趣出发进行设计，这样做有利于潜移默化地引导幼儿感受美、理解美、创造美。充满艺术美感的走廊吊饰，将使得幼儿在设计好的吊饰主题环境中充分感受吊饰环境传达出来的意境和艺术。[②] 如图4-46所示，教师选用生活中废弃的瓶子、纸张等创造性地进行了设计，幼儿在收集材料、粘贴方面都能发挥自己的作用，只有幼儿与环境有着良好的互动，才能真正“吸收”环境的精华。而图4-47中，吊饰是购买的现成的中国结和装饰花藤，从幼儿参与方面已经大打折扣，这样的环境是无法引起幼儿的共鸣的，幼儿也无法充

① 柏匡峰．幼儿园主题活动环境创设研究 [D]．桂林：广西师范大学，2009：1.

② 刘芸．幼儿园走廊吊饰设计与幼儿发展 [J]．知识窗（教师版），2011（9）：40-41.

分感受其中的美。

图 4-46　自制特色吊饰

图 4-47　现成的吊饰

“头上的风景”长度要适宜，不能太长也不能太短；疏密也要合适，太密会给幼儿以压迫感，太稀疏发挥不了其应有的价值。

（五）户外活动区

活动区活动是一种让幼儿根据自己的水平和需要选择材料进行个别

性或小组性操作的活动。[①] 户外活动区中要准备丰富的材料，以满足不同年龄段和不同兴趣爱好的幼儿。

如图 4-48 和图 4-49 所示的两所农村幼儿园，它们并没有充分利用户外活动场地，基本上都是坚硬的花砖地或水泥地，宽阔的空间里零星地散布了几颗小树，这样的环境设计不符合幼儿的发展，与农村本身的环境也是脱节的。

图 4-48　户外花砖地面

图 4-49　户外水泥地面

2012 年 2 月 11 日广东省颁布了《广东省教育厅关于规范化农村幼

① 华爱华．幼儿园活动区活动的功能定位 [J]．幼儿教育，2012（25）：6-7.

儿园的办园标准（试行）》，给出了室外活动场地设备的参考标准，如表 4-1 所示。

表 4-1　广东省农村幼儿园室外活动场地设备参考标准

场地	类别	设备名称、规格及数量
活动器械场地	大型固定体育器材（根据幼儿玩具规格配备）	秋千、滑梯各 1 套
		平衡木、大型钻爬类玩具各 1 套
	小型体育器材（根据幼儿玩具规格配备）	投篮架 2 个
		小皮球 20 个、篮球 10 个
		沙包 20 个、体操垫 2 张
		长绳 2 根、短绳 10 根
沙坑	玩沙设备设施	沙漏、沙耙、沙铲、锹、棍、沙模、水桶、洒水壶等玩沙玩具 2 套
戏水池	玩水设备设施	水车、水盆、水壶、水枪等玩水玩具 2 套
幼儿跑道		1 条
种植区	种植工具	喷壶、小桶、儿童铁锹、小铲子等，根据需要配备

参照表 4-1 的标准，根据农村幼儿园的实际情况，可以从以下几个方面进行户外活动区的环境创设：

1．玩具器械区

陈鹤琴先生说过：“玩固然重要，玩具更为重要，必须有许多玩的东西来帮助，才能玩得起来，才能满足玩的欲望。”由于资金缺乏，很多农村幼儿园无力购买充足的玩具，玩具缺乏是一个普遍的现象。但是，农村所特有的资源也是城市无法比拟的。农村幼儿园实际上缺的不是资源，而是利用资源的意识。所以，教师、家长和幼儿要通力合作，为幼儿制作出有意义的玩具。如图 4-50 和图 4-51 所示。

图 4-50　自制玩具（1）

图 4-51　自制玩具（2）

幼儿园还可以在室外砌一些高低不一、摆放距离适合幼儿的圆墩，或者是树桩，幼儿可以在上面走，锻炼平衡能力，累的时候还可以坐在上面休息。

攀爬是幼儿非常喜欢的一项运动。在幼儿园内选择或自制一面坡度适合幼儿的斜坡墙（如果没有，选择现有的一面结实的墙壁），根据不同年龄段幼儿的攀爬能力，把车胎、铁环等进行不同距离的排列，制成攀爬墙，注意要牢固。另外，也可挂上结实的绳网，制成绳网攀爬墙。攀爬，既锻炼了幼儿的身体，又发展了幼儿的认知，也养成了幼儿大胆、勇敢的心理品质。

2．玩沙玩水区

沙、水这些农村常见的资源，是幼儿天然的游戏资源和探索资源。玩沙和玩水可以结合起来。玩沙区可以靠近玩水区，以便幼儿把两个区域结合起来。[①] 沙池位置尽可能选择在向阳背风处，有利于幼儿玩沙时进行日光浴。沙池深 0.3 ～ 0.5 米，其大小面积与幼儿人数相协调。沙池应使用安全细软的天然黄沙或白沙，禁用工业用沙，并定期消毒。沙池应有良好的排水功能。玩水区和沙池一样，在保障安全的基础上，还要注意健康、卫生、有教育意义。

玩沙活动主要有挖沙、铲沙、堆沙等，教师也可引导幼儿探索沙子的性质和功能，如沙的质感、建造房屋、建造桥梁等。幼儿园除了购买玩沙玩水的设备，还可以使用废弃的透明塑料瓶，在瓶底挖个小洞，装上沙子后，感受沙子的流动。在玩水时，可以使用容器舀水，也可放瓶子、树叶、木块、铁块等感受物体的沉浮和水的浮力。

3．运动场

《3—6 岁儿童学习与发展指南》指出，幼儿阶段是儿童身体发育和机能发展极为迅速的时期，也是形成安全感和乐观态度的重要阶段。发育良好的身体、愉快的情绪、强健的体质、协调的动作、良好的生活习惯和基本生活能力是幼儿身心健康的重要标志，也是其他领域学习与发展的基础。在国民身体素质堪忧的今天，幼儿需要积极锻炼，形成良好的身体素质。

（1）身在动，心享受

幼儿园可以根据本身面积的大小，将塑胶跑道设计成直线型或者圆形。选用塑胶跑道可以有效防止幼儿摔倒时造成的擦伤。如果是圆形的跑道，可以在中间的空白部分设计“跳房子”的格子，或者设置圆形的向日葵，集体活动时幼儿可以围着向日葵的形状站立或者坐着。总之，

① 刘焱．儿童游戏通论 [M]．2 版．北京：北京师范大学，2008：597．

要充分利用空间资源，让幼儿在玩乐的过程中强身健体。为了让幼儿有一个舒适的运动场，尽量在周围种上树冠大的树，尤其在南方，夏天异常热，可以用树阴庇护幼儿，方便运动。

（2）自由奔跑，有范围

农村的运动场地一般面积大，不易管理，幼儿容易发生嬉戏追逐行为，可能会造成混乱和幼儿受伤。所以，对于大的运动场，务必要有明确的场地分割标志，防止意外事故的发生。

4．自然区

户外游戏场地应有一个包括树木和各种植物的绿地或自然区。幼儿在户外游玩时能体验到自然的美丽和四季更替时植物、花草的变化，感悟自然界的神奇魅力，满足幼儿亲近自然或独处的需要。[①] 为幼儿在植物中穿梭设计一些弯弯曲曲的小路，或者铺上鹅卵石，让幼儿光脚走在上面，一边按摩一边呼吸自然的清香。

此外，幼儿园还可留出空地作为种植区域，使幼儿成为种植区的主体，教师的作用只在于指导和提供咨询。种植区域可以种植一些当地的农作物和植物，幼儿根据已有的日常生活经验，种植、浇水、施肥、管理，并每天（根据所种植物情况）观察并记录，全班幼儿一起交流。种植，既锻炼了幼儿的应用实践能力，又培养了幼儿爱劳动、爱护自然的品质。

（六）幼儿园外墙

幼儿园的外墙应成为一面面会说话的镜子，不但能让家长了解到幼儿园的办园理念、办园特色，而且还能让幼儿展开想象的翅膀——告诉幼儿：这是一个乐园，这是一个童话般的世界。

幼儿喜欢美丽、鲜艳的色彩，以及童话世界里的人物形象。因此，创设幼儿园外墙时，可以在外墙上做一些彩绘。要选择鲜艳的、具有教育意义的、幼儿喜欢的画面作为外墙饰的内容，这样既从外观上突出了

① 邱学青．学前儿童游戏 [M]．4 版．南京：江苏教育出版社，2008：210.

幼儿园的特点，又能满足幼儿的心理需求。

第四节　农村小学附设幼儿园环境创设要求

在我国农村大部分地方，小学附设幼儿园是农村学前教育的主要办园模式之一，它通过充分利用中小学布局，调整富余的校舍和教师资源来发展学前教育。这种办园模式有其独特的价值，它满足了农村适龄儿童就近入学的需要，推动了农村学前教育的普及和发展。在农村推广小学附设幼儿园，完善农村办园模式，应成为农村幼教事业的重心，而良好的环境布置应先行，经调研了解，农村小学附设幼儿园的环境创设状况不容乐观。蒙台梭利认为，环境是儿童生活成长的场所，同时，儿童的内在潜能是在吸收环境中诸多因素的情况下发展起来的，是儿童个体与环境相互作用的结果。[①]《幼儿园教育指导纲要（试行）》也非常重视环境对幼儿的教育价值，提出："环境是重要的教育资源，应通过环境的创设和利用，有效地促进幼儿的发展。"环境对幼儿的发展具有潜移默化的功能，环境作为一种教育资源对幼儿发展发挥着举足轻重的作用。因此，完善农村小学附设幼儿园这一办学模式，必须先从环境入手。

一、农村小学附设幼儿园的环境特点

《幼儿园管理条例》规定，园舍、设施应符合国家卫生标准、安全标准，不能妨碍幼儿身体健康或者威胁幼儿生命安全。因此，为保证幼儿安全幼儿园应该独门独院，有单独的活动室、活动场地、厕所。但农村小学附设幼儿园，基本上是由闲置的小学校舍改、扩建而成，有相当一部分幼儿园不是独门独院，而是和小学混合使用同一栋教学楼，共用同一个活动场地。在环境上，相对于普通幼儿园，农村小学附设幼儿园具有一定的局限性，但同时也具有其独特

① 张莅颖．蒙台梭利教育思想与实践［M］．石家庄：河北教育出版社，2006：59．

的环境优势。

（一）农村小学附设幼儿园的局限性

1．空间非独立性

经调研分析，农村小学附设幼儿园一般分为三类：第一类是拥有独立校舍，独立于小学；第二类附设在小学一层，规模在 1 ～ 4 个班，依附于小学；第三类一般称其为小学附设学前班，总共只有一个班。小学附设幼儿园是利用小学闲置校舍改建而成的，因此小学附设幼儿园（班）一般都建在小学内。总体来说，房屋建筑都比较新，安全性和采光条件都比较好。下面将具体介绍农村小学附设幼儿园在环境上的空间非独立性特点。

农村小学附设幼儿园是由小学校舍改、扩建而成的，无论是教室、大门、墙壁、楼梯、走廊、操场等的设计都是按照小学生的标准来设计的，很多地方不符合幼儿的身心发展特点，设施设备小学化严重。

（1）室内环境特点

附设幼儿园的活动室其实就是小学教室，还远不能称为活动室。教室面积大，空间宽敞，除了桌凳摆放占用的空间以外，还有很大的留白空间。墙饰方面，教室前后有两块大黑板，黑板设计高度过高，跟幼儿视线不齐平。墙面创设单调，大部分是空白。活动室的门，分前门和后门，没有任何装饰，给人一种封闭单调的感觉。活动室的窗户多，高度设计是按小学生的标准设计的，幼儿基本欣赏不到窗户外面的世界。条件好点的附设幼儿园，桌椅有更新；条件差的，基本是沿用小学桌椅，课桌破旧不稳固，不易移动，幼儿安全存在隐患。

（2）室外环境特点

第一，附设幼儿园依附于小学，大门设计较简陋，没有正规的大门，或者是在小学大门口旁边立一块小牌子“×× 小学附设幼儿园”。附设幼儿园的非独立性，在大门的设计上展现得淋漓尽致。

第二，附设幼儿园楼梯沿用小学校舍的楼梯，没有重新设计，楼梯的高度跟幼儿抬腿的高度不协调，幼儿上下楼梯很吃力，而且存在安全隐患。附设幼儿园室外环境还是沿用小学校舍的，如校舍一楼的走廊，旁边通常有条排水沟，将教室与操场分隔，水沟棱角多，幼儿嬉闹时容易出安全事故；二楼走廊的围栏太高，挡住了幼儿的视线。

第三，附设园的厕所是原来的小学厕所，厕所排便沟过宽，幼儿如厕困难。厕所味道重，蚊虫多，卫生不到位，幼儿抵抗力弱，易感染疾病。如厕后，没有专门的盥洗室，只有一个洗手池，有的高度过高，幼儿开关水龙头比较吃力，不利于幼儿良好卫生习惯的养成。

第四，小学操场就是附设幼儿园的户外活动场地，户外活动场地大且无障碍，可以任幼儿自由奔跑、玩耍。小学操场绿化带偏少，缺乏休息避荫的场所，但可利用空间很大。

可见，农村小学附设幼儿园带有浓烈的小学化特征，很多设施设备都遗留着小学校园的设计，而不是专门为幼儿设计的。

2．环境设计主体非自主性

幼儿园的环境需要相关专业的教师来创设，他们懂得幼儿的身心发展特征，能够根据幼儿的特点设计出吸引幼儿的环境，让幼儿在舒适、富有想象力的环境中健康快乐地成长。

经调查研究，在小学附设的幼儿园（班）中，有相当一部分幼儿园教师是小学教师转岗或兼任，没有经过任何学前教育专业培训。非学前教育专业的教师在环境创设理念上与专业幼儿园教师存在很大的差异，小学教师喜欢把环境创设得很有学习性和权威性，如讲桌、教鞭、三角尺、黑板报、字画等；为了避免小学生走神，室内墙上，除了时间作息表、课程表、小学生守则等，基本没有其他装饰。而幼儿需要的是具有丰富刺激、活泼可爱、舒适的环境，喜欢色彩鲜艳、易操作、活动自由的空间。可见，教师专业与非专业对幼儿发展的影响很大。

（1）与小学化教学相适应的环境

正如许多人所批判的，在小学附设幼儿园的课程与教学中，小学的影子无处不在。教师采用高控制、重灌输的方式，让幼儿学习知识，练习写字，绕不开应试教育的阴霾。与此同时，与教学相适应的便是环境的布置，教师教学方式的小学化，导致环境布置上的小学化。附设幼儿园的教师使用的教具学具有一些不符合幼儿的年龄特点，不是专门为幼儿设计的。例如黑板、作业本、教材、教鞭、生字表等。

（2）传统儿童观下的环境

大部分附设幼儿园的教师是非专业出身，也很少接受学前教育专业培训，受传统观念影响，仍然停留在传统儿童观念上，即“儿童是未完全的小人”“儿童是缩小的成人”“儿童是花草树木”[①] 等。教师认为只要保证幼儿的安全和温饱，能再学点知识，就是对幼儿好。因此，教师并不重视环境对幼儿发展的作用，也不太注重环境教育价值的体现。

（二）农村小学附设幼儿园独特的环境优势

1．资源共享

（1）资源可以统一配置

农村小学附设幼儿园在经费使用方面多由小学统一管理。如在购买材料、组织活动需要经费时，通常都是幼儿班负责人向小学校长提出申请，由校领导统筹之后向相关教育部门报告。[②] 有时当小学购买及配置基础设施，如电风扇、电视机、录音机、多媒体设备时，可给幼儿园一同配备，免去幼儿园另外申请经费或独自购买。一些使用频率少，可通用的物资，小学和幼儿园可相互借用，减少物资购置上的浪费。

（2）有利于良好环境氛围的营造

① 刘晓东．中国传统文化中的儿童观及其现代化 [J]．学前教育研究，1994（4）：8-10．

② 鄢超云，魏婷．农村小学附设幼儿班面面观 [J]．幼儿教育，2013（34）：38-39．

农村小学与附设幼儿园相毗邻，其地理面积相较于独立幼儿园而言，总体占地面积广，绿化环境多，周围嘈杂环境干扰相对减少，宽敞空旷的环境更有利于幼儿的身心发展。小学校园朗朗的读书声时常能传到幼儿耳中，形成一种良好的文化氛围，并作为一种无形的环境资源潜移默化地影响着幼儿。一方面校园安静祥和又富有活力的环境能替代性地减少幼儿受汽车鸣笛声、市场喧闹声等周围喧闹环境的影响；另一方面有利于幼儿形成对小学的认知及经验积累，有利于幼小衔接的实现。

2．幼小衔接

德国哈克教授的研究指出，幼小衔接阶段的儿童通常存在六个方面的断层问题，包括关系人的断层、学习方式的断层、行为规范的断层、社会结构的断层、期望水平的断层和学习环境的断层，而解决好这六个断层的连接问题，则是做好幼小衔接工作的关键之所在。① 农村小学附设幼儿园在解决幼小衔接断层方面有着先天优势，比如在关系人的断层问题上，幼儿升入小学后，仍随时可以见到熟悉的教师和伙伴，而非一下子进入完全的陌生环境，为适应陌生环境提供缓冲期。此外，学校可发挥管理沟通上的方便，组织幼儿在入学前适当了解和体验小学生的学习方式和学习环境，适当了解小学生的行为规范，观摩或参与小学生活动，提高幼儿的环境适应能力和人际交往能力。

同时，附设幼儿园教师与小学教师沟通便利，可随时交流工作情况并发现问题，及时做出调整。目前我国幼儿园教师与小学教师之间缺乏沟通，对对方的工作并不完全了解，甚至存在误解。某些农村小学教师认为刚升入一年级的学生应会基本的写字，否则是幼儿园教育的失职，但幼儿园教师认为小学教师不理解幼儿园，不理解学前教育。农村小学附设幼儿园的幼儿园教师通常由小学校长聘任及管理，幼儿园教师与小

① 李玉杰，赵春颖，李桂玉．幼儿园与小学教育衔接的有效策略 [J]．教育探索，2012（12）：137-138．

学教师沟通机会多，工作衔接若存在问题双方可及时沟通协调，提高幼小衔接效果。

3．异龄同伴互动

地理环境影响人们的交往模式，交往模式进一步影响人们的行为和心理。由于位置相近，农村小学附设幼儿园的幼儿与小学生交往便利频繁，如在上学放学的路上，幼儿和小学生接触机会比较多，模仿行为也会增多，即提供了一个异龄同伴互动的机会。幼儿不仅需要同龄同伴互动，异龄同伴互动也有重要的积极影响，它对幼儿的认知、情感和社会性发展具有重要的作用。王晓芬和刘晶波认为，好群是人的一种本能，幼儿作为人类的一分子，与其他动物种群一样，其生长离不开整个种群环境。在心理上，幼儿需要成人或年长儿童协助他们进入社会，需要与有权威的人一起学习、成长。儿童生活的世界越宽广，接触到的异质物和刺激越多，他们获得交流、学习的机会就越多，社会性得到发展的可能性也就越大。① 我国研究者认为，异龄同伴之间的交往是一种“非对称相倚型”的关系。在这种交往中，年长儿童相对于年幼儿童有更大的权利和更高的社会地位，但这种非对称型关系可使幼儿获得更多的社会性能力。这一交往类型不仅在一般意义上对幼儿的社会认知、情感能力及亲社会行为有发展性作用，而且还对交往不足或交往过度的幼儿有显著的补偿矫正功能。②

幼儿好奇心强，善于模仿，常视年龄比他稍大的孩子为模仿对象，也会向往像他们那样去学校学习。研究表明，年龄因素影响幼儿之间的交往，不同年龄组合影响幼儿的同伴关系以及异龄互动的效果。幼儿之间年龄跨度大，异龄互动的效果较好，年龄差距在一岁以内的幼儿在混龄交往中多是独自行为和平行行为，而差距在两岁或以上的幼儿交往更

① 王晓芬，刘晶波．论幼儿混龄教育的必要性 [J]．幼儿教育（教育科学），2007（11）：9-11.

② 张更立．幼儿异龄同伴交往研究 [D]．重庆：西南师范大学，2004.

多的是以示范和模仿的形式进行。[1] 对于在附设幼儿园的幼儿来说会形成一种心理：我熟悉的哥哥姐姐在小学读书，我跟着哥哥姐姐一起去学校，我也长大了。这种心理有利于幼儿减少对陌生环境的排斥，让小班幼儿更容易适应幼儿园环境。在异龄互动过程中，幼儿通过模仿和学习积累不同的经验，习得新行为，促进自身的发展。这种地理环境相近的条件，便能为幼儿与年龄稍大儿童的互动提供条件，促进其模仿和学习。

二、农村小学附设幼儿园的环境创设问题

（一）生存于小学教育影子下的学前教育

1．物质环境的小学影子

（1）教室结构的小学影子

附设幼儿园始终绕不开小学化的阴霾，附设幼儿园和小学一起共用校舍、户外活动场地、设备和材料。小学的设施有其统一的标准，而幼儿使用起来存在很多问题。例如，小学的厕所是按照小学生的身高比例来修建的，且往往存在台阶多、棱角多的问题，幼儿如厕存在很多安全隐患。有的学前班由于没有专门的午睡室，幼儿只能趴在桌上午睡，睡眠质量无法得到保证。餐厅的桌椅高度、楼梯的高度也都是按照小学生的特点设计的，幼儿吃饭时坐不稳，容易洒掉饭菜，很难养成良好的进食习惯。上楼梯时，要抬高腿，比较吃力，不利于小腿肌肉的发育。

附设幼儿园的教室结构主要存在以下问题：

① 墙面。教室的墙面设计没有依据幼儿特点做更改，墙面装饰有形式无内涵。虽然，墙面上增添了很多墙饰，但远观墙饰的高度，如作品袋张贴的高度远远高于幼儿的身高；近看墙饰的内容，只重装饰，忽视了最重要的教育价值（图 4-52）。甚至还有一些附设幼儿园的墙面上

① 王晓兰，李少梅．幼儿异龄互动中的同伴关系研究 [J]．陕西教育学院学报，2012（6）：116-119.

挂满各种塑料袋，显得很零乱。幼儿喜欢干净整洁的环境，零乱的环境不利于幼儿良好秩序感的养成。

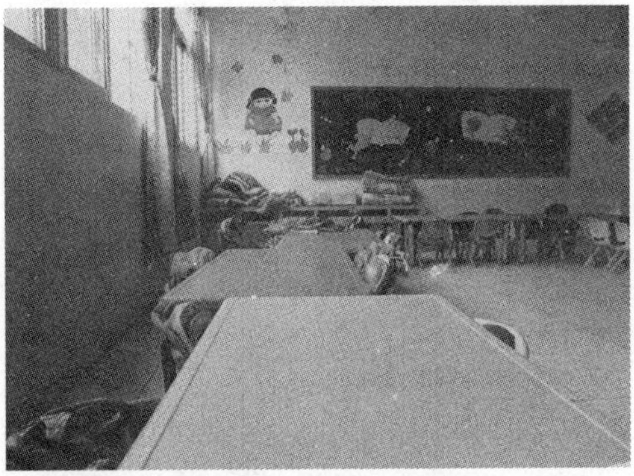

图 4-52 面面有墙饰， 面面不俱到

② 窗户。教室的窗高高过幼儿头顶，墙壁挡住了幼儿的视线。《窗边的小豆豆》中小豆豆趴在窗边，享受着窗户外面的美好世界，任她自由观察、自由想象，多么美好的童年啊！而附设幼儿园的教室窗户是按照小学的标准设计的，完全不适合幼儿的生理特点，幼儿除了能看到照进来的阳光和偶尔停驻的小鸟，外面的世界全部被隔绝（图 4-53）。而且窗户设计过高，不利于采光，靠窗坐的幼儿很难晒到太阳，不利于幼儿身体对钙的吸收，影响骨骼发育。光线偏暗，也不利于幼儿视力的保护。

图 4-53 过高的窗户

③ 门。附设幼儿园的门就是小学校舍的门，高，正，窄，门边没有做安全防护，棱角过多。门的设计太单调，没有任何花样，显得整个教室缺乏活力，缺乏色彩，会影响幼儿的兴趣和好奇心（图 4-54）。

图 4-54 “两堵铁墙”，挡住了视线，关住了风景

（2）设施设备的小学影子

① 黑板。幼儿一坐下，高高挂起的黑板及黑板上的内容就都处在幼儿视线的盲区，幼儿不得不抬起头来看黑板，一方面，不利于幼儿视力保护和颈椎的发育；另一方面，幼儿很容易疲劳，很难集中注意力。

② 桌椅。蒙台梭利认为，让儿童拥有一个所有东西的大小都与其能力相匹配的环境，有助于他们潜力的发展。[①] 为幼儿准备合适的小桌子、小凳子，可以充分发挥幼儿的主动性和主体性。附设学前班给幼儿用的大多是小学生的桌椅，这好比给幼儿穿大码鞋，能穿就行了，而不管其合不合适（图 4-55）。桌椅的舒适度会直接影响幼儿的活动参与度。另外，桌椅是按小学生的标准设计的，对于幼儿来说太高，不安全。

③ 玩具。由于附设幼儿园与小学的户外活动场地没有绝对分离，活动场地是公用，玩具也无法看管，玩具成为小学生和幼儿的共用资源，玩具的摆放、使用、保存都受到很大的影响。

① 蒙台梭利．蒙台梭利教育全书 [M]．长春：吉林出版有限责任公司，2012.

图 4-55　小学课桌和秧田式的课桌布置

（3）教育教学的小学影子

教育部颁布的《3—6 岁儿童学习与发展指南》指出：幼儿园阶段，不允许教幼儿写字和拼音。附设幼儿园却出现了作业本，还有带着老师批改分数的作业本，小学化的影子展露无遗。如图 4-56、图 4-57 所示。

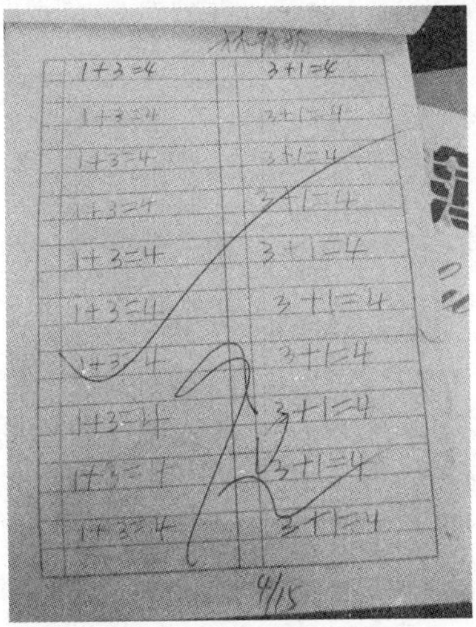

图 4-56　作业本（1）

图 4-57　作业本（2）

2. 环境创设者的小学化

在绝大部分的农村小学附设幼儿园，有为数不少的教师是编制内的正式教师，他们有师范教育背景，也有教师资格证，这很容易让人忽略农村小学附设幼儿园教师不专业的问题。事实上，我们接触到的幼儿园教师大部分都是小学教育或教育管理专业毕业的。这些因小学教师富余而转岗到幼儿园的教师，缺乏关于学前儿童生理和心理的基础知识，对幼儿园的课程和教学特点也知之甚少，很容易忽视幼儿的发展特点，导致环境创设偏向“小学化”。

（二）先天优势未发挥

1．与小学资源共享优势未发挥

与独立幼儿园不同，农村小学附设幼儿园紧挨小学，地理位置相毗邻，共享校内外环境资源。农村小学附设幼儿园由于附属于小学，由小学负责管理，这意味着在物质资源、人力资源方面存在分享、互补的潜在可能性。目前许多附设幼儿园在该方面还未能充分共享资源或未有开发可利用资源的意识，在物资采购方面由小学负责，会存在一些利用率低并且可共用的物资重复购置的情况。幼儿园与小学之间通常设置一道又高又长的栏杆，一道栏杆隔开了小学和幼儿园的区域，也隔开了教学上的交流，没有幼儿园和小学的共享区域。

2．与异龄同伴互动优势未发挥

由于农村人口密度低，小学内许多学生是幼儿自己的或邻居家的哥哥姐姐，幼儿愿意于与熟悉的、有共同兴趣的异龄儿童交往。但目前学校组织的异龄互动活动较少或没有，幼儿和哥哥姐姐们的互动缺乏教师组织及引导，没有发挥异龄同伴互动的优势。小学和幼儿园应联合开展各类活动，在有教师组织的情况下，增加幼儿和小学生的交流，形成良好的互动，促进幼儿社会性发展。

3．利于幼小衔接的过渡优势未发挥

幼小衔接问题是幼儿园、小学和家庭三方共同关注的问题。儿童走出幼儿园、跨入小学校门，是其成长中的一次重要转折，不仅意味着从幼儿到小学生的角色转变，还意味着要适应新的学习生活与环境，以及新的同伴和教师及新的交往方式。目前附设幼儿园与小学之间关于共同促进幼小衔接的活动较少，缺乏共同努力及协调，幼儿对小学生活的认识多为教师口头上的说明，一些幼儿园甚至会将小学教学思维带入幼儿园，提早教授小学知识，这不是正确的幼小衔接。幼儿园毗邻小学，教师应通过环境创设让幼儿认识小学，促进幼儿与小学生的交流，组织各类活动引导幼儿提早接触小学的学习生活及环境，减少幼儿初入小学的陌生感，更好实现幼小衔接。

三、农村小学附设幼儿园环境创设要求

农村小学附设幼儿园环境创设主要有以下要求：

（一）走出“小学化”影子

幼儿园环境创设应该符合幼儿、教师、家长和社会需求，以促进幼儿身心健康发展为最终目的，在幼儿园环境中展现的是一种教育资源。它不是单一的内容和方式，而是具有行为、认知、社会化、健康、视觉、文化等多元指向，整合多种功用为幼儿园的教育所服务。[①]

2001 年颁布的《幼儿园教育指导纲要（试行）》中明确指出，“幼儿园应为幼儿提供健康、丰富的生活和活动环境，满足他们多方面发展的需要，使他们在快乐的童年生活中获得有益于身心发展的经验。幼儿园环境不是一种无声的存在，它作为一种隐性教育课程，对幼儿的身心发展起着重要的作用。

1．任何环境的创设都要区分清“小学化”和“幼儿化”，变“小学化”为“幼儿化”

（1）教室

基于附设幼儿园的空间非独立性特点，特别是无独立楼房的附设学前班，而教室又是幼儿一日生活中待得最久的地方，因此，教室环境的

① 管倚．幼儿园墙面环境创设及其教育功能的研究 [D]．上海：华东师范大学，2005：31-37.

创设显得尤为重要。

第一，地面。3 ～ 6 岁的幼儿处于生长发育期，小腿肌肉还没有发育完全，脚长期接触的地面宜柔软，不宜粗糙坚硬。教室的水泥地面，不仅粗糙坚硬，而且不美观。教师可以选择带图形的泡沫拼图地垫，这种地垫色彩鲜艳，每个图案都富有教育意义，教师可以和幼儿们一起拼贴，将地面瞬间变得柔软可爱（图 4-58）。地垫上的图案还可以供幼儿欣赏，教师可以对幼儿进行随机教育，提高师幼互动的质量。

图 4-58 水果泡沫地垫

第二，墙。幼儿一到教室，最先映入眼帘的就是墙上的东西，墙面的装饰直接决定幼儿进入教室时的心情和期望。因此，墙面的设计要能抓住幼儿的眼球，激发幼儿的好奇心和求知欲。但必须摒弃创设墙面环境的目的只是为了美化环境的片面观点，重视墙面环境的教育价值，让每一面墙都会“说话”。

幼儿园的每个班级外墙一般用来展示幼儿作品，可是每次展示的作品没多久就会损坏，教师可以把材料袋剪开，再把不同颜色的即时贴剪成长条，把剪开的材料袋用长条即时贴固定在展示墙上。这样幼儿就可以把自己完成的作品插在作品袋里，既展示了幼儿的作品，也避免了作品被损坏。教师还可以根据主题活动内容创设主题墙面，如与马路有关的主题墙。

第三，天花板。天花板上的材料要轻且不易掉落，天花板垂吊的最低高度不能低于幼儿的水平视线，不能妨碍幼儿的正常视野。比如用适当长度绳子绑住的氢气球，既美观，又可以供幼儿下课的时候带出去玩耍，幼儿伸手去够绳子的时候还可以拉伸手臂，锻炼手臂大肌肉动作。

（2）窗户

窗户是连接室内和室外的通道，一扇好的窗户等于一架好的望远镜。由于附设幼儿园教室的窗户是按照小学生的标准设计的，对幼儿来说有点偏高，窗户除了用来采光，没有发挥它应有的教育价值。

首先是窗户的高度。如果拆了重新翻修，受经济条件限制，可操作性不强，教师可以根据幼儿的身高标准，采购一些大的塑料积木或利用废弃的木板（木板要无棱角或用海绵做过包装处理），将地面垫高。窗户这块区域还可以设置成主题区，每次根据主题内容，将窗户设计成不一样的造型，既满足了幼儿站在窗边洞悉窗外世界的需求，又达到了丰富幼儿知识，促进幼儿合作能力发展的效果。例如主题活动“窗外的世界”，将窗户的地垫造型设计成楼梯状，幼儿可以一人站一个楼梯，一个站得比一个高，每个人的角度不一样，然后将自己看到的东西勇敢表达出来，可以用不同方式表达，如言语、作画、动作表演等。

其次是窗户的设计。窗户的主要功能在于采光和通气，所以必须保证窗户和玻璃干净、无杂物阻挡，易推拉。为了便于光线的选取，最好配备窗帘，给幼儿营造不一样的氛围，例如观看影像和休息的时候，光线宜偏暗，这时就可以拉上窗帘。

最后是窗户的装饰。由于窗户的高度过高，幼儿很难够得着上面，所以窗户上可以张贴一些供幼儿欣赏的作品，如剪纸、窗花、珠帘等。但张贴在上面的东西必须经常更换且容易更换。窗户的装饰还要体现教育价值，比如张贴一些请幼儿爱护玻璃和保持玻璃卫生的图片，还可以张贴如何使用窗户的图片，如经常开窗通风，下雨刮风的时候要关窗等。

（3）门

门是连接室内和室外的另一扇“窗”。教室的门宜宽不宜窄，这样幼儿出门时不易造成拥挤。门的四周要做安全处理，有棱角和钉子的地方要及时处理。幼儿嬉闹时，容易被门夹到手，所以门边最好贴一层泡沫贴，门开着的时候，用链子或者磁铁吸将门固定住，保证门不易摆动。门的装饰也不可忽视，可以每周换不同的主题，例如，每天安排一位幼儿设计一张图片，图片内容包括“今天的日期”“天气情况”等，然后贴在门上。

（4）厕所

厕所重要的是方便且干净，要重视卫生工作，可以在厕所里放一些能祛除异味的熏香。有的厕所有楼梯，幼儿可以相互扶着上楼梯，或者高大的扶着弱小的，让幼儿养成互帮互助、团结合作的好习惯。

（5）操场

操场是幼儿主要的户外活动场地，原本是小学操场，专为小学生升旗做操用的，空旷且宽敞，可以活动的地方很多。比如，教师们可以选取操场的角落做种植区，带领幼儿一起观察植物的成长，为操场做绿化。操场上没有沙和玩水区，教师可以和幼儿一起创设一个玩沙玩水区。

另外，附设幼儿园的操场上，唯一配备的就是幼儿园中最常见的滑梯，滑梯可以使幼儿学习到某些社会规则，如遵守秩序、轮流等待、分享合作等。教师要及时检修滑梯，发现安全隐患要及时报修。在幼儿玩耍时，幼儿发生冲突要及时加以引导，保证幼儿滑滑梯的安全。

2. 环境的创设要有制度做保障，两者要相协调

在管理体制上，附设幼儿园实行“一园两制”，一个学校，两块牌子，两套班子，两套方案。即既挂学校牌子，又挂幼儿园的牌子；学校与幼儿园两套班子，各有一套管理方案和考核细则；园长由乡镇教育行政部门任命，教师也由乡镇统一调配，实行校长领导下的园长负责管理体制。扩大幼儿园自主权，最根本的一条是落实园长负责制。要选拔政治和业务素质高，具有较强管理能力和组织能力，并甘心奉献于学前教育事业的人才担任园长，明确其职责和权限，使其尽善其职，力负其

责。同时，贯彻责、权、利一致的原则，落实园长的经济待遇。园长的自主权得到落实了，人、财、物得以独立，园长的权威得以竖立，园长的办园理念得以实行，那么在环境创设上的自主性和创造性也将得到支持和鼓舞。

比如在作息制度上，小学是用铃声指导学生一日作息安排的，小学附设幼儿园大部分也都是根据小学铃声来安排作息的，幼儿的一日生活被分割成了一节节的课和若干个课间十分钟。幼儿与小学生的生理、心理特点是不同的，幼儿园要根据幼儿的特点制订适合幼儿的作息制度，为幼儿营造适宜的、有规律的生活环境。

3．环境创设需要主力军——专业幼儿园教师

首先，师资专业发展和待遇要跟上。国家各级财政要专项支持农村小学附设幼儿园（班）的师资配备，支持和鼓励县级公办幼儿园为农村小学附设幼儿园（班）提供经常性的业务指导，如对口帮扶、置换培训、周末教研、巡回辅导等，通过多种形式在岗培训和建立经常性的教研制度，全面提高农村小学附设幼儿园（班）教师的素质和专业水平，实施科学的幼儿保育和教育，克服和纠正小学化倾向，全面提高农村小学附设幼儿园（班）的保教质量；加强农村小学附设幼儿园（班）教师的待遇保障，采取岗位津贴、提供保险、年度奖励等多种方式，提高农村幼儿园教师的工资待遇，使其工资待遇与小学教师基本相当。

其次，教学理念的转变，带动环境观的转变。教师的教学理念决定了教学教具的选取、教学环境的布置。附设幼儿园的幼儿学习内容基本上是小学化的，选用的教材（教师用书和幼儿用书）仔细翻看就不难发现其内容以读写算为主，幼儿用书基本上是作业本性质的。此外，教师还专门为幼儿准备了拼音本、田字格本和数学作业本，幼儿和小学生一样每天要练字、写作业，而教师也要批改作业，这种应试化的教育方式被生搬硬套到幼儿园，一定程度上，附设幼儿园的环境也渐渐“小学化”了。幼儿园的活动课程的设置应该依据幼儿身心发展特点来定，幼

儿活动主要以游戏为主，幼儿是在积极主动中学会学习的，教师应创设轻松自由的环境，让幼儿自由地去探索、发现世界的奥妙。

（二）合理利用资源，实现资源共享

小学附设幼儿园相较于独立幼儿园具有得天独厚的资源共享性。园舍依傍或直接融合于小学的地理环境特点，使小学附设幼儿园不仅能创设自身所处的园舍环境，还可积极挖掘与之地理位置、管理关系紧密的小学资源。

1．活动区共享

（1）公共活动区共享。农村小学与附设幼儿园毗邻，可共享公共活动区，提高场地利用率。幼儿与小学生的生理、心理活动特点都具有较大差别，大部分活动区需根据幼儿的发展特征配置，以符合幼儿的发展需要，即幼儿园需有专门供幼儿使用的各类室外活动场地和设施。附设幼儿园通常采用“圈地”的做法，从小学活动场地划出一片区域供幼儿园使用，一方面保障幼儿活动的安全性，另一方面活动设施可以符合幼儿身心发展特点，有利于幼儿发展。但个别公共设施仍可供双方共同享用，节省资源，减少经费和人力投入，符合农村经济条件情况，同时也可相对扩大幼儿活动范围。在某些特殊情况下，小学和幼儿园能够同用区域，如运动会，开集体大会等需要较大空间而幼儿园区域容纳不下时，可在小学区域内进行。活动区可分时段安排幼儿及小学生分别使用。

（2）种植园、饲养区共享。通常独立幼儿园都有自己的种植园或饲养区，供幼儿观察植物生长或小动物的生活习性。但农村小学附设幼儿园可能存在场地限制，没有足够的空间设立种植园或饲养区。从图 4-59 中可见，由于场地限制，幼儿园教师只能另辟区域，设立一个简式植物区，在以农业生产为主的农村，周围由绿田所环绕的农村幼儿园，这样简陋的植物区与所处环境十分不匹配。小学同样会设立种植园或饲养区，种植园或饲养区的打理照料通常由小学生轮流负责，以培养小学生责任感及劳动能力。小学与幼儿园可以共用同一种植园或饲养区，由小学生轮流照看，幼儿可由教师定期带领前来观察，或帮助小学生一起照顾园区，这样不仅达到了学习知识的目的，同时还达到了异龄互动、模仿和学习的目的，一举两得。

图 4-59　盆栽

（3）材料、器材共享。皮球、软垫等小学生与幼儿均可使用的音乐、体育、美术器材可共享，避免重复添置。

2．资源回收，提高资源利用率

近年来，我国大部分农村地区经济发展有显著提高，人们的物质生活水平也得到明显改善，物资缺乏的情况在农村逐渐减少，由于国家对农村教育的重视，基础设施配备也都趋于完善。物质生活的改善并不意味着就可以浪费资源，环保意识同样需要走进农村。

一些资源，如画板、算盘、计算器的重复利用不仅可以减少学杂费的支出，减轻家长负担，同时可让农村孩子拥有环保意识，养成环保习惯。

（三）注重附设幼儿园与小学的互动

1．附设幼儿园与小学交叉地带的环境创设

在强调附设幼儿园空间、主题独立性的同时，主体间的互动和分享同样重要。目前校园内环境设置仍多以小学生为主体，由于有些附设幼儿园使用小学闲置校舍，校舍内仍能看到小学教育的痕迹，如“一切为了孩子”“自学、自理、自护、自律”等纯文字标语。幼儿园应注意在园内尽可能减少小学式环境布置，充分利用幼儿园空间，积极创设适合幼儿的环境。

附设幼儿园与小学往往存在交叉地带，应充分利用该地带进行环境创设，产生“无处不在，无影随行”的影响力。可在附设园与小学共享区域，如校门口、走廊、校园分隔围护栏等区域创设出既适合幼儿又适合小学的环境，凸显农村附设幼儿园的特色。具体创设内容见表 4-2。

表 4-2　附设园与小学交叉地带的环境创设

场地选择	布置形式	布置内容
• 小学、幼儿园门口	• 海报	• 知识宣导
• 走廊	• 板报	• 个人风采展示
• 校、园分隔围护栏	• 大型墙画	• 主题墙
• 其他交叉区域	• 手工制品	• 活动记录展示
	• 图画与文字的混合	

（1）小学、幼儿园门口

农村附设幼儿园和小学门口相邻，是学生、幼儿、家长的必经之路，可充分发挥该区域的展示作用。考虑到幼儿识字水平较低，可使用图画与文字混合的形式，以大型墙画、海报、板报等形式展示。

展示内容多样，大致可分为以下几类：

① 宣导性、教育性内容。如以对话配图画的漫画形式向小学生和幼儿做出良好习惯示范。

② 个人风采展示。小学常开展“优秀三好学生”“优秀少先队员”评比活动，学生个人风采可以相片辅以文字形式展示。展示栏调到稍低位置以适应幼儿的身高。幼儿在展示栏中看到熟悉的哥哥姐姐身影，可增加对幼儿园的归属感，促使幼儿对榜样的模仿。

③ 主题墙。主题墙可以半成品作品形式展示，半成品指尚未完全完成的作品。教师先制作出大框架，由小学生、幼儿直接绘画或粘贴手

工作品进行补充。如以“我们美丽的家园”为主题，教师先设计作品大小、布局，由小学生和幼儿补充农田、池塘、房屋、人物等素材，可在海报上直接涂画，或粘贴绘画作品、手工作品，材料可多选取本地乡土资源，如农作物种子、树枝、树叶、藤条、石头、木块等。再如，以民俗文化地方特色为主题的主题墙，如瑶族少数民族的服饰、习俗、传统活动等。整个过程由幼儿和小学生一起参与制作，达到主动参与、合作交流、互相学习的目的。

④ 活动记录展示。定期安排、组织幼儿园与小学的交流活动，设置展示栏展示相关活动照片，以活动内容为主题的小学生作文、绘画，幼儿绘画等一系列相关内容，教师心得等。

（2）走廊、校、园分隔围护栏及其他交叉区域

这些区域可参照小学、幼儿园门口的布置。

2．幼小衔接：大班幼儿与小学

为了让幼小衔接更顺利，附设幼儿园可利用依附小学的先天条件，组织即将步入小学校门的准小学生到小学进行参观或试听一年级的课，熟悉小学教室布局、学习方式，聆听大哥哥大姐姐的感受。组织幼儿观看或参与小学生的升旗仪式、做早操等活动，让幼儿产生入学的期待感，提前在心理上做好入学准备。

3．教师组织下的混龄互动

定期安排、组织幼儿园与小学间的交流活动，扩宽了幼儿的社会交往面，能接触到除父母、教师、同伴以外的哥哥姐姐，提高其社会交往能力，“大带小”形式能激发更多的示范和模仿行为，提高幼儿的学习能力。

幼儿园进行语言活动、社会活动时，可请小学教师与小学生来给幼儿讲故事，与幼儿做游戏。小学还可举办义卖活动、画展等各类活动，邀请幼儿参加。举办此类活动的前提是在教师组织下进行，小学生正处于好动时期，喜欢四处跑动，教师应留意避免发生碰撞，尤其举办体育类活动时更应注意。

4．家长、幼儿与小学生的互动

附设幼儿园、学校可组织家长们开展亲子互动活动，如举行家庭运动会，任务设置难度不同，可由全家人分工完成，在活动中让不同年龄的孩子形成对家的理解，能够学会爱父母，学习相互关爱，帮助兄弟姐妹。家长交流会可使家长们互相交流教育经验，解决教育子女过程中面临的困惑，由专业的教师进行主持，针对农村家长所特有的问题，向家长们介绍相关教育理念、方法，组织家长观看相关影片后交流观后感和思考，形成家园合作的新形式，为幼儿营造一个良好的教育环境。

农村小学附设幼儿园环境创设目前仍存在诸多问题尚待解决，这不仅需要一个良好的物质条件环境，更需要管理者和教育者关注幼儿园环境创设，注重环境的教育功能，利用和挖掘周边资源，这需要人充分发挥主观能动性，学会做一个用心“看环境，用环境”的管理者和教育者。

后　　记

2012年11月我们申报的“广东省农村学前教育发展问题研究”获批为广东省高校人文社科重大攻关课题。随即我们组成了30多人的研究队伍，分成三个组分别对广东省三个层次的农村，即最为贫困的石灰岩地区农村、欠发达地区的农村以及发达的珠三角地区农村二十多家乡村幼儿园进行深度调研。调研任务具体分成四个子课题：农村学前教育课程、农村学前教育师资队伍、农村学前教育管理、农村幼儿生存状况，聚焦如下问题进行观察、访谈、问卷填写：

1．广东省农村幼儿园园长是如何理解课程管理的？

2．广东省农村幼儿园教师是如何理解课程的？

3．儿童在农村幼儿园课程实施过程中呈现何种形象，获得了什么？

4．广东省农村幼儿园如何利用环境及课程资源？

5．广东省农村幼儿园教师队伍建设的现状如何？

6．广东省农村幼儿园教师队伍建设存在的突出问题有哪些？

7．广东省农村学前教育的办园体制存在哪些主要问题？原因有哪些？

8．广东省农村学前教育的经费投入机制存在的主要问题是什么？

9．广东省农村学前教育的办园规范存在的问题是什么？

10．广东省农村学前儿童的心理健康状况如何？

11．广东省农村学前儿童的生活状况（家庭与社区的物质、文化生活）如何？

12．广东省农村学前儿童的受教育状况（包括家庭教育、机构教育）如何？

13．从幼儿园、家长对家园共育的认识，家园共育工作形式、内容、效果方面探寻问题。

14．广东省农村家园共育工作中存在的问题有哪些？

历时两年多的研究，我们完成了四个调查报告，在经过深度思考和理论升华后又完成了《农村学前教育与社会发展——基于广东省农村学前教育问题研究》以及这本《农村幼儿园环境创设问题与解决方案》两本专著。在广东省农村幼儿园调研工作中，对于当前农村幼儿园环境创设存在的问题，我们深感震惊。例如，幼儿园教师落后的环境创设观念；环境创设教育功能不足，缺乏操作性、整体性；资源利用存在偏差，资源利用不充分；等等。我们顿时觉得身上担子的沉重。希望通过此书的撰写，能解决当前农村幼儿园环境创设存在的问题，真正让农村幼儿园教师体认、发挥环境的价值。《农村幼儿园环境创设问题与解决方案》共分四章，总体框架由袁爱玲设计，各章主笔分别是第一章：第一、二、三节（单文顶），第四节（张召友），第五节（李翘楚）；第二章：第一节（肖祖金），第二节（黎琦）；第三章：第一、二节（张宇），第三节（李海燕），第四节（丁妮）；第四章：第一节（林晓艳），第二节（翟利丹），第三节（李翘楚、焦冬玲），第四节（周怡然、欧阳春梅）。全书的统稿工作由袁爱玲、单文顶完成。我们衷心希望此书的出版能为中国农村学前教育事业的发展助力，尤其对改善农村幼儿园环境创设不合理之处有所贡献。在此感谢课题组每位成员的辛勤工作！感谢高等教育出版社责任编辑刘晓静女士的大力支持！

华南师范大学　袁爱玲

2014.12.22 于广州

郑重声明

高等教育出版社依法对本书享有专有出版权。任何未经许可的复制、销售行为均违反《中华人民共和国著作权法》，其行为人将承担相应的民事责任和行政责任；构成犯罪的，将被依法追究刑事责任。为了维护市场秩序，保护读者的合法权益，避免读者误用盗版书造成不良后果，我社将配合行政执法部门和司法机关对违法犯罪的单位和个人进行严厉打击。社会各界人士如发现上述侵权行为，希望及时举报，本社将奖励举报有功人员。

反盗版举报电话　（010）58581897　58582371　58581879

反盗版举报传真　（010）82086060

反盗版举报邮箱　dd@hep.com.cn

通信地址　北京市西城区德外大街 4 号　高等教育出版社法务部

邮政编码　100120